Anne Millard

Das war Rom

Ein Bild des Alltags zur Blütezeit des Römischen Reiches

Aus dem Englischen von Angelika Feilhauer
Illustrationen von Joseph McEwan
und Roger Mann

Otto Maier Ravensburg

Inhalt

Die Autorin: Anne Millard hat Geschichte, Ägyptologie, Archäologie und Erziehungswissenschaften studiert und selber jahrelang an Ausgrabungen teilgenommen. Sie arbeitet als Dozentin an der Universität London.

Deutsche Erstausgabe
als Ravensburger Taschenbuch Band 749,
erschienen 1982

Die Originalausgabe erschien im Verlag Usborne Publishing Ltd., London
unter dem Titel „Usborne Pocket Guide to Ancient Rome"

Gestaltung: Kim Blundell
Umschlag: Ekkehard Drechsel, unter
Verwendung des Umschlags der Originalausgabe

Printed in Italy

10 9 8 7 6 91 90 89 88 87

ISBN 3-473-38749-5

Über dieses Buch

In diesem Buch wird die Welt der alten Römer in Hunderten von farbigen Abbildungen wieder lebendig. Sie zeigen Szenen wie das Festmahl, das du oben siehst, die mit Hilfe von archäologischen Funden und anderen Geschichtsquellen nachgestellt werden konnten.

Auf einigen Abbildungen sind Gebäude wie Villen, Wohnungen oder Tempel zu sehen. Viele sind nach Gebäuden gezeichnet, von denen heute noch die Ruinen stehen. Manche sind sogar noch fast vollkommen erhalten, wie z. B. das Pantheon (oben), ein Tempel in Rom.

Manchmal haben wir anstelle von nachgestellten Szenen alte Gemälde, Standbilder und Mosaiken abgebildet. Mosaiken sind Bilder aus kleinen farbigen Steinchen. Auf diesem siehst du eine Gruppe von Straßenmusikanten.

Außerdem findest du in diesem Buch genaue Illustrationen von Dingen, die die Römer benutzten, wie Möbel, Töpferwaren, Schmuck und Waffen. Einige wurden nach Gemälden und Beschreibungen in Büchern gezeichnet, doch die meisten nach ausgegrabenen Funden.

Die römische Geschichte teilt sich im wesentlichen in zwei Perioden: die Republik und das Kaiserreich. Diesen beiden Begriffen wirst du beim Lesen immer wieder begegnen. Mehr darüber sowie über Politiker, Kaiser und andere Personen findest du in dem Kapitel „Geschichte des alten Rom“ auf S. 60-61.
Hinter Daten steht immer „v. Chr.“ oder „n. Chr.“. Wie du sicher weißt, bedeutet dies „vor Christi Geburt“ bzw. „nach Christi Geburt“.

Auch bei uns gibt es noch Spuren der alten Römer. Ab S. 62 findest du Museen mit römischen Sammlungen und Ortsangaben über Fundstätten römischer Kultur, die du besuchen kannst.

Obwohl sich der Inhalt dieses Buches auf die Stadt Rom beschränkt, gelten die meisten Angaben für das Leben im gesamten Römischen Reich, dessen Grenzen die Karte auf S. 58-59 zeigt.

Allgemeines über Rom

Die Geschichte des alten Rom beginnt um 750 v. Chr. und erstreckt sich über einen Zeitraum von mehr als 1000 Jahren. Sie hat ihren Anfang mit einer Ansammlung kleiner Dörfer auf sieben Hügeln nahe beim Tiber, im Gebiet des heutigen Italien. Diese Dörfer wuchsen zu der großen Stadt Rom zusammen, von der aus ganz Italien und schließlich ein riesiges Reich erobert wurde, zu dem fast ganz Europa sowie Teile des Mittleren Ostens und Nordafrikas gehörten. Die eroberten Gebiete nannten die Römer Provinzen. In diesem Buch beschäftigen wir uns hauptsächlich mit Rom und den umliegenden Gebieten in den ersten zwei Jahrhunderten nach Christus.

Italien im 2. Jahrhundert v. Chr.

Die Römer

Im alten Rom unterschied man zwischen den Bürgern, die politische und andere Rechte besaßen, und Nichtbürgern (Sklaven und Freigelassene), die diese Rechte nicht hatten. Die Bürgerschaft setzte sich aus Plebejern (Unterschicht), dem Ritterstand (Geldadel und Grundbesitzer), dem Beamtenadel und den Patriziern (Uradel) zusammen. Um 400 n. Chr. erwarben auch die Klienten (Pächter und Bauern) das Bürgerrecht.

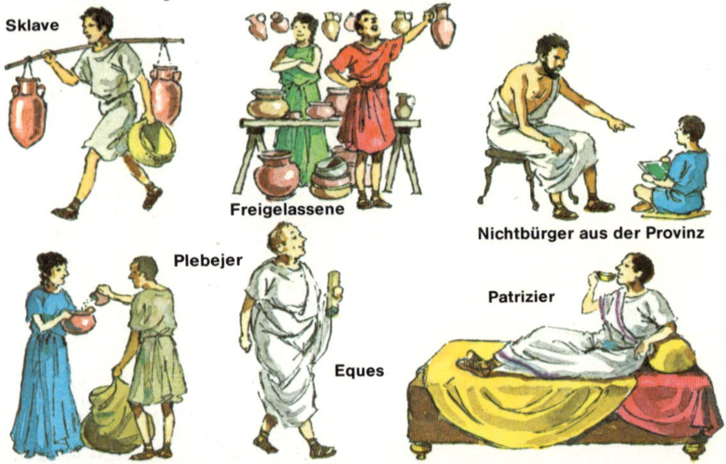

Woher wissen wir etwas über die alten Römer?

Altertumsforscher haben die Überreste römischer Städte, Villen und anderer Gebäude ausgegraben, die uns viel über die Lebensweise der Römer erzählen.

In Rom selbst sind heute noch die Ruinen vieler Gebäude erhalten, und daher wissen wir ungefähr, wie das alte Rom aussah. Oben ist die Ruine des Forums abgebildet.

Vor allem in Pompeji und Herculaneum wurden wichtige Funde gemacht. 79 n. Chr. war der Vesuv, ein Vulkan, ausgebrochen und hatte beide Städte unter Asche begraben. Dadurch sind sie bis heute gut erhalten geblieben.

Die Wandgemälde mancher Häuser zeigen Portraits oder auch Szenen des täglichen Lebens oder erzählen Legenden von römischen Gottheiten.

In Bibliotheken sind die Werke vieler römischer Dichter, Schriftsteller und Geschichtsschreiber erhalten geblieben. In ihnen finden wir genaue Beschreibungen des römischen Alltags und geschichtlicher Ereignisse.

Hier sind einige wichtige Daten der römischen Geschichte aufgelistet. Weitere findest du auf S. 60-61.

753 v. Chr.	**Gründung Roms, Rom von etruskischen Königen regiert**
510 v. Chr.	**Vertreibung der Könige, Gründung der Republik**
73-71 v. Chr.	**Sklavenaufstand unter Spartakus**
59-51 v. Chr.	**Eroberung Galliens durch Caesar**
49-45 v. Chr.	**Bürgerkrieg, Caesar wird Diktator**
44 v. Chr.	**Ermordung Caesars**
27 v. Chr.	**Beginn des Kaiserreichs Augustus (Oktavian) wird erster Kaiser**
9 n. Chr.	**Niederlage gegen die Germanen unter Hermann dem Cherusker im Teutoburger Wald**
64 n. Chr.	**Christenverfolgung unter Kaiser Nero**
395 n. Chr.	**Endgültige Reichsteilung**
410 n. Chr.	**Goten plündern Rom**
476 n. Chr.	**Der letzte weströmische Kaiser wird abgesetzt**

Leben in der Stadt

In Rom und in anderen großen Städten lebten die meisten Menschen in Wohnhäusern mit drei oder vier Stockwerken. Sie waren meist um einen freien Platz herum gebaut und hatten im Erdgeschoß Läden. Reiche Leute bauten mitunter Wohnblocks, die sie dann vermieteten. Obwohl manche Häuser so schlecht gebaut waren, daß sie nach ein paar Jahren zusammenfielen, waren die Mieten hoch.

Nachts gingen in Rom Nachtwächter mit Fackeln durch die Straßen. Sie sahen nach dem Rechten und prüften, ob alle Häuser gut verschlossen waren.

Da häufig in offenen Behältern Feuer gemacht wurde, bestand immer Brandgefahr. Im Jahr 6 n. Chr. bildete man deshalb die **cohortes vigilum**, zugleich Polizei und Feuerwehr.

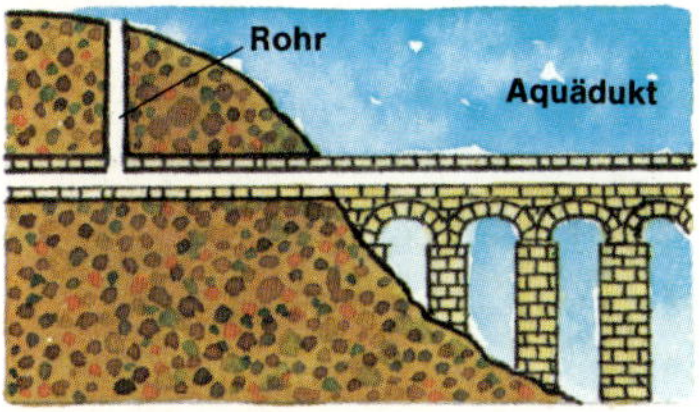

Wasser transportierte man in Rohrleitungen von Seen und Flüssen zur Stadt. Um Täler zu überbrücken, baute man Aquädukte.

Die meisten Menschen holten ihr Trinkwasser von öffentlichen Brunnen in den Straßen und wuschen sich in öffentlichen Bädern.

Man konnte sich auch einen Wasseranschluß ins Haus legen lassen. Manche taten dies heimlich, um nicht dafür bezahlen zu müssen.

Viele Leute gingen auf öffentliche Toiletten wie diese. In manchen Wohnungen waren jedoch im Erdgeschoß Toiletten eingebaut.

Die Abwässer wurden durch ein Kanalsystem unter den Straßen transportiert. In Rom gab es einen riesigen Kanal, die **cloaca maxima**. Sie existiert heute noch.

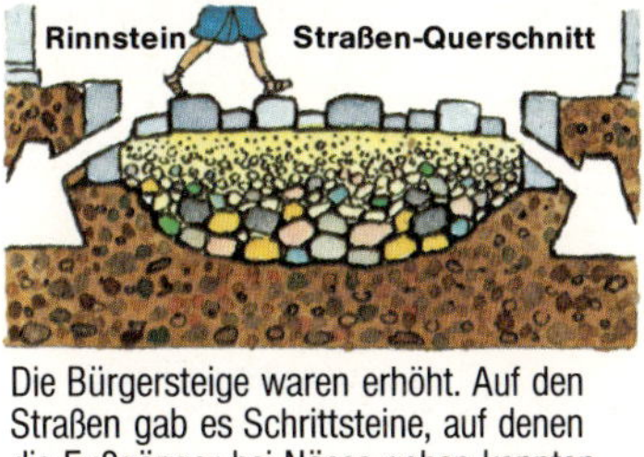

Die Bürgersteige waren erhöht. Auf den Straßen gab es Schrittsteine, auf denen die Fußgänger bei Nässe gehen konnten. Sie zwangen auch die Wagen, langsam zu fahren.

Viele Leute hatten keine Küchen. Sie aßen sehr viel Brot, das sie in Bäckereien kauften.

Tavernen und Gasthäuser

Gasthäuser und Straßenstände boten warmes Essen und Getränke an. In den Tavernen traf man sich beim Wein zum Plausch. Wie die Geschäfte waren es oft zur Straße offene Räume im Erdgeschoß.

Wie man einkaufte

Die meisten römischen Läden waren zur Straße hin offen und hatten vorn einen Ladentisch. Sie waren vom frühen Morgen bis in den Abend geöffnet und machten eine lange Mittagspause. Gewöhnlich wurden die Sklaven von ihrer Herrschaft zum Einkaufen geschickt. In der Nacht verschloß man die Geschäftsfronten mit hölzernen Fensterläden.

Es gab viele Geschäfte, die Olivenöl verkauften. Es wurde zum Kochen und für Lampen benutzt. Manche Läden besaßen eine eigene Ölpresse. Man lagerte das Öl in im Boden eingelassenen Krügen.

Bäckereien hatten meist eine Mühle, in der das Mehl gemahlen wurde. Dann machte man einen Teig und formte daraus runde, flache Brote. Sie wurden in einem Ziegelofen gebacken.

In Rom gab es verschiedene Märkte, die nur bestimmte Waren wie z. B. Fleisch oder Fisch verkauften. In anderen Städten wurde einmal wöchentlich auf dem Forum Markt abgehalten. Das Forum war Mittelpunkt des Geschäftslebens und der politischen und rechtlichen Angelegenheiten.

Um tagsüber Verkehrsstokkungen zu vermeiden, wurden Waren nachts zu den Märkten gekarrt.

Für die Waren gab es Lagerhäuser. Einige standen nahe bei den Docks, so daß ankommende Schiffe leicht entladen werden konnten.

Die Händler verwendeten sogenannte Laufgewichtswaagen, an deren Arm sich eine Skala befand. Durch Verschieben und Ausbalancieren des Gewichts konnte man feststellen, wie schwer etwas war.

Die Ädilen waren Beamte, die die Qualität der Marktwaren und die Genauigkeit der Gewichte und Maße überprüften.

Nahe beim Forum lagen die vornehmen Geschäfte, die Luxusartikel wie Bücher, Parfüm, feine Kleider und Möbel verkauften.

Händler, die sich einen Laden oder Marktstand nicht leisten konnten, zogen mit ihren Waren auf den Schultern durch die Straßen.

Brauchte ein Römer Geld, konnte er zu einem Geldleiher oder Bankier gehen, der jedoch hohe Zinsen für das geliehene Geld forderte.

Das Geld

Das erste römische Geld war ein Kupfer- oder Bronzestück mit einem Rind. Das lateinische Wort für Geld, **pecunia**, ist von **pecus**, (Vieh) abgeleitet.

Die erste runde Münze, der As, war aus Bronze. Eine Seite zeigte den doppelköpfigen Gott Janus, die andere ein Schiff.

Etwa 200 v. Chr. wurden Silbermünzen eingeführt: zuerst der Denar, später der Sesterz (= 1/4 Denar).

Im Kaiserreich kam eine Goldmünze, der **aureus**, in Gebrauch. Meist ließen die Kaiser ihren Kopf darauf prägen. Dies ist Augustus.

Manchmal wurden politische Ereignisse auf den Münzen festgehalten. Diese erinnern an die Ermordung Caesars in den Iden des März.*

Auch Eroberungen oder große Leistungen wie der Bau des Kolosseums (oben) waren oft auf die Rückseiten der Münzen geprägt.

* Der römische Name für den 15. März

Das Stadthaus

Nur reiche Römer konnten sich Häuser im Zentrum der Stadt leisten. Sie waren meist nach dem gleichen Grundriß gebaut und hatten auf der Rückseite kleine Gärten mit Säulengängen. Auf der Vorderseite lag das Atrium, in dem man Gäste empfing.

Die Häuser hatten Türgriffe und Klopfer aus Bronze. Diese stammen von einem Haus in Pompeji.

Dies sind römische Schlüssel und Schlösser. Um sich vor Dieben zu schützen, hatte man schwere Türen mit guten Schlössern.

Manchmal hielt man auch Wachhunde. Auf diesem Mosaik aus Pompeji steht „Vorsicht vor dem Hund“.

Ein reicher Mann beschäftigte mehrere Köche, die auf verschiedene Speisen spezialisiert waren und von Sklaven unterstützt wurden. Gemüse und Soßen kochte man auf Holz- oder Holzkohleherden, Fleisch wurde über dem offenen Feuer gegart. Zum Kochen verwendete man meist irdene Gefäße. Sie zerbrachen leicht, doch sie kosteten nicht viel.

Dies sind römische Töpfe und Küchengeräte. Die großen Krüge werden Amphoren genannt. Man verwendete sie zur Lagerung von Wein und Öl.

Wein wurde vor dem Servieren meist in einem großen Gefäß, dem **crater**, mit Wasser gemischt.

Kräuter und Gewürze wurden mit einer kleinen Keule, dem Stößel, in einem Mörser zerkleinert.

Bronzeapparate wie dieser wurden benutzt, um Flüssigkeiten warm zu halten.

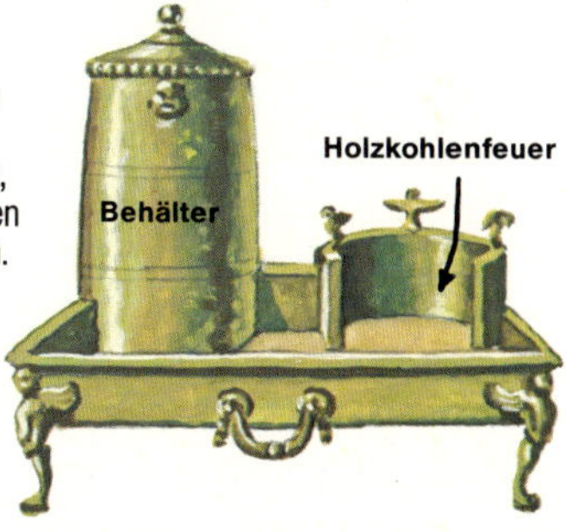

Essen

Arme Leute lebten hauptsächlich von Brot und einem Brei aus gekochtem Weizen. Fleisch, Fisch und Gemüse waren teure Leckerbissen. Morgens und mittags aß man leichte Dinge, die Hauptmahlzeit war das Abendessen. Bei Reichen konnte es einige Stunden dauern.

Die Römer aßen mit den Fingern oder mit Löffeln. Messer und Gabeln verwendeten sie nicht.

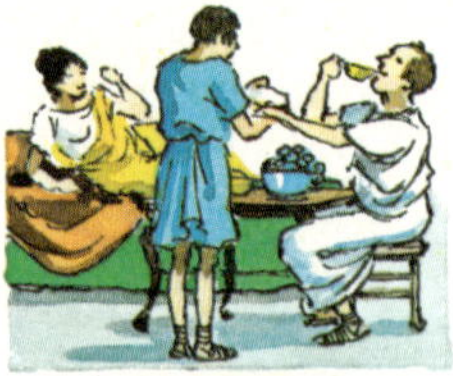

Reiche hatten Sklaven, die ihnen zwischen den Gängen mit Wasser und Servietten die Finger abwischten.

Ein Festmahl

Anfangs aßen Männer und Frauen in Rom stets getrennt, doch während des Kaiserreichs lud man sie gemeinsam ein. Neun Teilnehmer betrachtete man als Maximum. Während des Essens lagen die Römer auf Sofas. Manchmal wurden die Gäste von Musikanten und Tänzern unterhalten. Bei diesen Gelegenheiten trugen auch Dichter und Schriftsteller ihre neuesten Werke vor. Manche Römer erbrachen sich einfach, wenn sie satt waren, damit sie wieder weiteressen konnten.

Das Essen begann mit einer gemischten Vorspeise.

Der Hauptgang bestand aus verschiedenen Fleisch- und Fischgerichten.

Als Nachspeise gab es Kuchen aus Honig, Süßigkeiten, Früchte und Nüsse.

Tafelgeschirr

Dies sind einige Krüge, Teller und andere Dinge, die die Römer bei Tisch benutzten. Sie wurden aus verschiedenen Materialien gemacht: Ton, Glas, Bronze, Silber oder Gold – je nachdem, wie reich der Besitzer war.

Es gab römisches Glas, das fast transparent war, anderes war dick und undurchsichtig und hatte weiße Ornamente.

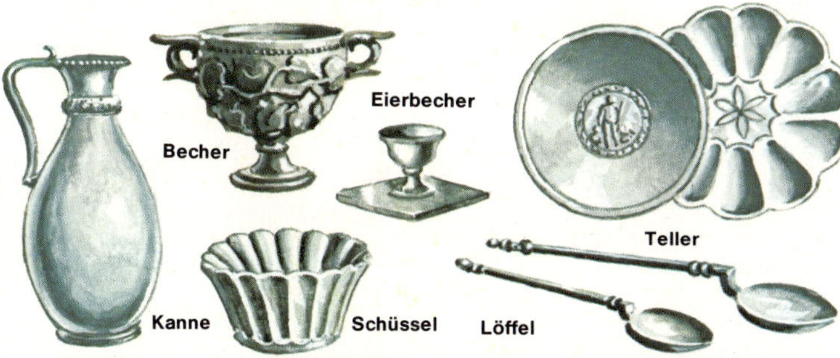

Jede Provinz hatte ihre eigene Art zu töpfern. Am berühmtesten sind die samischen Töpferwaren (oben). Da die Töpfer ihre Waren kennzeichneten, wissen wir heute, woher sie stammen.

Wohnungseinrichtung

Die meisten Menschen besaßen nur wenige Möbel aus schlichtem, grobem Holz. In den vornehmeren Häusern fand man jedoch Möbel aus edlen Hölzern, Bronze und Marmor, die oft Einlegearbeiten aus Silber, Elfenbein, Gold oder Schildpatt aufwiesen.

Stühle wurden seltener als heute benutzt. Meist waren sie Frauen, Greisen oder Ehrengästen vorbehalten. Statt dessen saß man auf Hockern, die sich häufig zusammenklappen ließen. Die Sitze waren manchmal gepolstert.

Kleider und wertvolle Dinge wurden in Schränken und Truhen aufbewahrt.

Die Römer aßen von niedrigen, rechteckigen Tischen. In den meisten Häusern gab es jedoch auch Ziertische, die rund oder oval waren.

Standbilder und antike Vasen wurden auf Tische und Säulenfüße gestellt.

Während des Essens lag man auf Sofas. Da sie hoch waren, brauchte man oft einen Schemel, um daraufzusteigen.

Betten hatten ein Geflecht aus Leder oder Seilen und eine Matratze aus Stroh oder Wolle. Darauf lagen Decken, ein Kissen und ein Überwurf.

Lampen

Die römischen Häuser wurden mit Öllampen erleuchtet. Das Öl wurde gewöhnlich aus Oliven, Nüssen, Fisch oder Sesamsamen gewonnen. Die Lampen waren meist aus Ton, doch es gab auch wertvolle, sehr dekorative Lampen aus Bronze.

Manche Lampen hatten kleine Ständer wie diese.

Außerdem gab es Lampen, die an der Decke befestigt werden konnten.

Ein **candelabrum** war ein hoher Lampenständer. Manchmal hatte er Arme, an die man mehrere Lampen hängen konnte.

Heizung

Zum Heizen der Häuser verwendete man Kohlenbecken, in denen Holzkohle verbrannt wurde.

Zentralheizung

Für diejenigen, die es sich leisten konnten, gab es ein Zentralheizungssystem, das man **hypokaustum** nennt. Die Fußböden der Häuser lagen auf Pfeilern. Im Keller wurde ein Feuer gemacht, die warme Luft stieg zwischen den Pfeilern nach oben und erwärmte die darüberliegenden Räume.

Kleidung und Schmuck

Die meisten Kleidungsstücke der Römer waren aus Wolle oder Leinen, es gab aber auch Baumwolle und Seide. Männer waren bei offiziellen Anlässen stets weiß gekleidet, Farben blieben für Feste reserviert.

Die Grundkleidung des Mannes bestand aus einem Lendentuch und einer Tunika. Bürger durften auch eine Toga tragen – ein großes Stück Stoff, das man um den Körper wickelte.

Togen

Togen waren gewöhnlich weiß, doch gab es auch farbige, die man zu Festen und besonderen Anlässen trug. Schwarz war die Farbe der Trauer. Die Senatorentoga hatte einen Purpursaum; die Kaisertoga war violett und mit Goldstickerei verziert.

Frauenkleidung

Die Kleidung der Frau bestand aus zwei Teilen Unterwäsche, einer Tunika – mit oder ohne Ärmel – und einem Übergewand, der Stola. Manchmal wurde darüber noch ein Überwurf, die Palla, getragen.

Wenn Frauen ausgingen, trugen sie oft eine Stola mit einem verzierten oder bestickten Saum.

Auf der Straße mußten sich ehrbare Frauen verhüllen und den Kopf bedecken.

Kinderkleidung

Kinder waren wie Erwachsene gekleidet. Söhne reicher Eltern trugen die **toga praetexta,** die einen Purpursaum hatte.

Auf Reisen trug man Mäntel. Es gab verschiedene Schnitte.

Hier ist eine Auswahl römischer Sandalen, Schuhe und Stiefel. Meistens wurden sie aus Leder gemacht.

Schmuck

Am häufigsten waren Ringe. Sie wurden sowohl von Männern als auch von Frauen getragen.

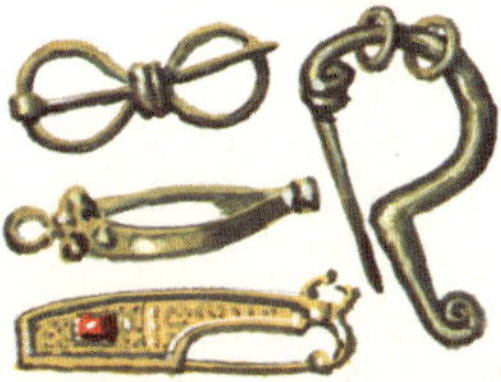

Eine Spange, die **fibula**, hielt Mäntel und Tuniken zusammen. Manche dieser Spangen sahen fast wie Sicherheitsnadeln aus.

Gern trug man Kameen. Kameen sind Halbedelsteine mit erhaben herausgeschnittenen Gesichtern oder Figuren.

Die Römerinnen trugen goldene Ketten und Halsbänder. Sie kannten viele Edelsteine und Halbedelsteine, doch am beliebtesten waren Perlen, Opale und Smaragde. Diamanten verwendete man nicht, weil sie zum Bearbeiten zu hart waren.

Hier ist eine Auswahl römischer Armbänder. Die Schlangenform war sehr beliebt und schon früher bei den Griechen viel getragen worden.

Die meisten Römerinnen hatten durchstochene Ohrläppchen. Die Ohrringe rechts im Bild bestehen aus einer Traube kleiner Perlen.

Frisuren und Schminke

In der Frühzeit der Republik hielten die Männer Haar und Bärte kurz und einfach. Später kamen Bärte eine Zeitlang aus der Mode.

Während des Kaiserreichs trugen die jungen Männer ihre Haare dann lang, lockig und geölt. Auch die Bärte wurden kunstvoll geschnitten.

Reiche Männer ließen sich von ihren Sklaven rasieren und die Haare schneiden, doch normalerweise ging man zum Friseur. Dort traf man auch seine Freunde und erfuhr die neuesten Nachrichten.

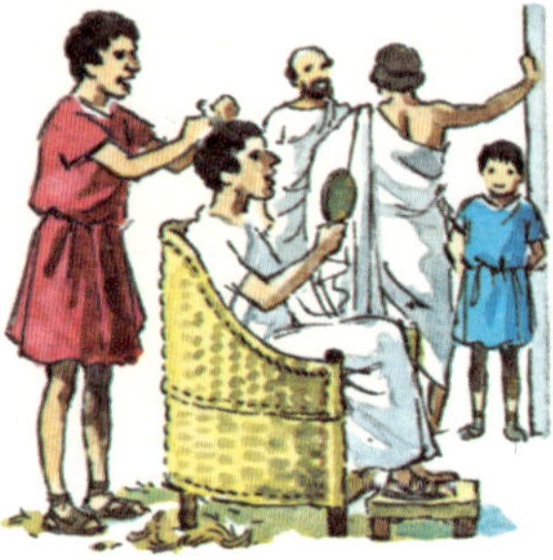

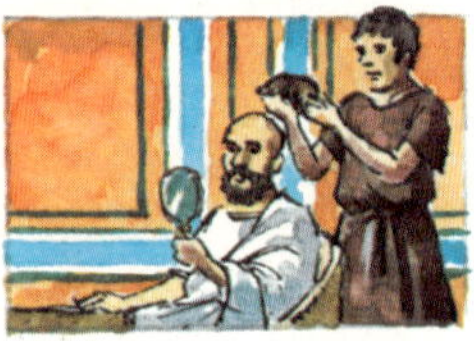

Die Römer hatten verschiedene Mittel gegen Kahlköpfigkeit, von denen einige aus recht widerlichen Zutaten bereitet waren. Manche Männer trugen daher lieber Perücken.

Haarmode der Frauen

Zu Beginn der Republik trugen die Frauen einen einfachen Haarknoten. Als die Kaiserzeit kam, kamen viele neue Frisuren mit Zöpfen, Wellen und Locken in Mode.

Die Locken machte man mit Brennscheren ins Haar. Oben sind verschiedene Frisuren abgebildet.

Manchmal wurden Stoffstreifen benutzt, um die Frisur in Ordnung zu halten. Reiche Frauen besaßen Juwelenreifen und Diademe.

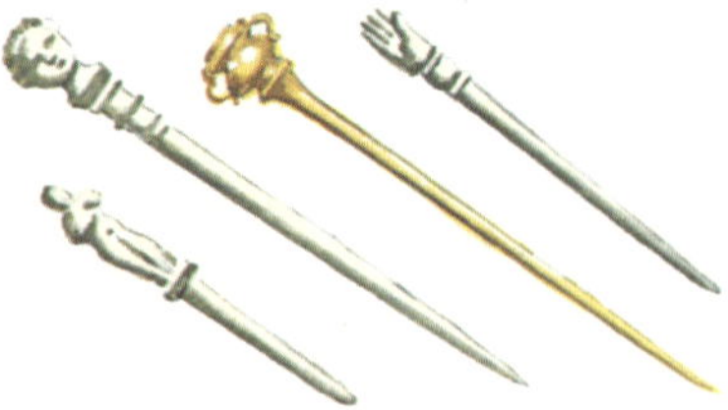

Man verwendete auch Haarnadeln. Einige waren aus geschnitztem Elfenbein oder Gold und wurden als Schmuck getragen.

Eine Zeitlang war blondes und rotes Haar in Mode. Manche Frauen färbten sich die Haare, andere ließen sich aus dem Haar ausländischer Sklavinnen Perükken machen.

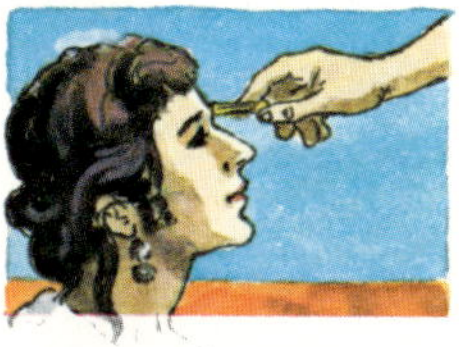

Die Römerinnen zupften sich die Augenbrauen. Man verwendete Eyeliner und schwärzte Wimpern und Augenbrauen.

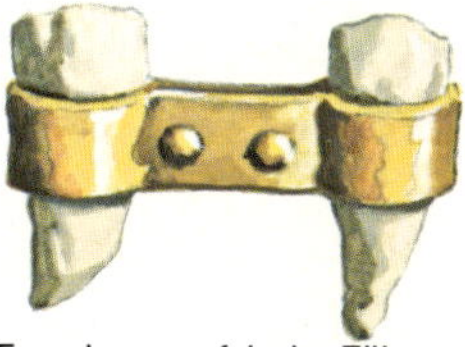

Es gab sogar falsche Zähne aus Elfenbein. Die Römer putzten sich die Zähne mit einem Pulver, das gemahlener Kreide sehr ähnlich war.

Dieses Mädchen gießt Parfüm in eine Flasche. Parfüms wurden aus Blüten, Gewürzen und duftenden Hölzern hergestellt und von Frauen wie von Männern reichlich benutzt.

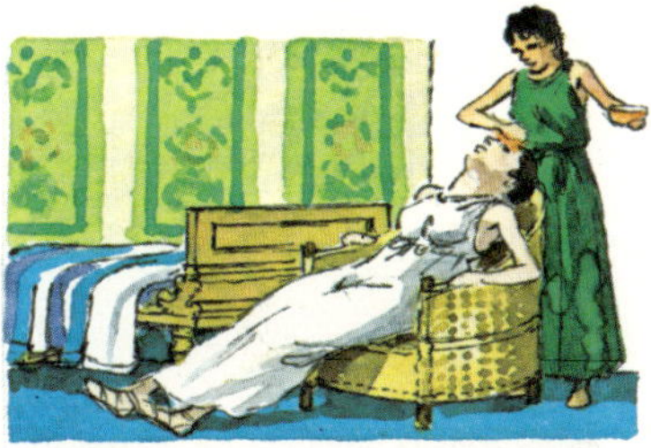

Die Frauen hielten ihre Haut mit Gesichtsmasken zart und faltenlos. Eine davon wurde aus Mehl und Eselsmilch hergestellt.

Hier ist eine Auswahl von Dingen, die eine vornehme Römerin auf ihrem Toilettentisch stehen hatte. Die Spiegel sind aus Silber.

Hier machen einige Sklavinnen ihre Herrin für ein Fest zurecht. Als Gesichtspuder nahm man Kreide. Auf die Wangen kam Rouge; Lippen und Fingernägel wurden rot angemalt. Das römische Make-up wurde aus Gemüse- und Mineralfarben hergestellt.

Erziehung im alten Rom

Anfangs blieben kleine Kinder in der Obhut ihrer Mütter. Mädchen lernten Dinge wie Kochen und Spinnen.

Im Alter von sieben Jahren begleiteten die Jungen dann ihre Väter, die aus ihnen Bauern, Handwerker oder Soldaten machten.

Kinder aus wohlhabenden Familien lernten Lesen und Schreiben, um später Geschäftsleute oder Beamte zu werden.

In späterer Zeit überließen die reichen Römerinnen ihre Kinder Kindermädchen und Sklaven.

Ältere Kinder hatten oft Hauslehrer, die sie unterrichteten. Meist waren es Griechen.

Schulen

Obwohl einige Kinder zu Hause unterrichtet wurden, gingen doch die meisten mit sechs oder sieben in eine Schule. Dort lernten sie Lesen, Schreiben und Rechnen. Die Lehrer waren oft streng und schlugen die Kinder, wenn sie nicht gelernt hatten.

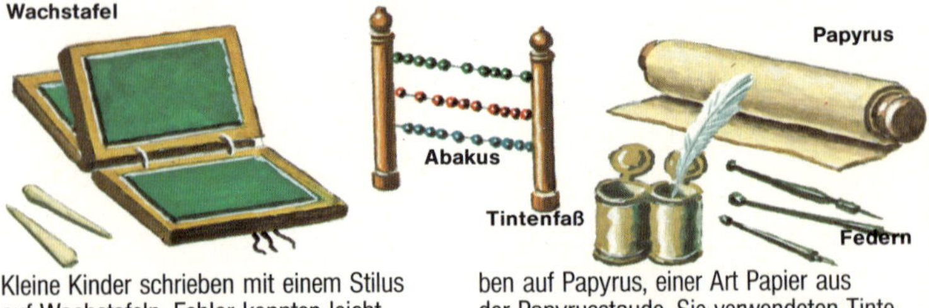

Kleine Kinder schrieben mit einem Stilus auf Wachstafeln. Fehler konnten leicht weggerieben werden. Die älteren schrieben auf Papyrus, einer Art Papier aus der Papyrusstaude. Sie verwendeten Tinte und Federn aus Rohr oder Metall. Zum Rechnen nahm man einen Abakus.

Mit zwölf Jahren gingen aufgeweckte Jungen und Söhne reicher Eltern auf eine Oberschule, wo sie von einem **grammaticus** unterrichtet wurden. Dort unterrichtete man sie in Griechisch, Geschichte, Geographie, Mathematik und den Werken berühmter Schriftsteller.

Wollte ein junger Mann in die Politik oder das Rechtswesen gehen, mußte er Rhetorik, die Kunst der freien Rede, studieren.

Für Studierende und Schulen wurden vom Staat und von wohlhabenden Männern Bibliotheken eingerichtet.

Ein wichtiger Teil der römischen Erziehung war das Körpertraining, um die Jungen für die Armee vorzubereiten. Nach dem Unterricht mußten sie Sport treiben, wie z. B. Laufen, Ringen und Fechten.

Spiele

Die Schule dauerte vom frühen Morgen bis zum Nachmittag. Danach durften die Kinder in die Bäder gehen oder spielen.

Besonders beliebt waren Reifenspiele und das Knöchelspiel, das Ähnlichkeit mit unserem Würfelspiel hatte.

Manche Kinder spielten Wagenlenker und fuhren in kleinen Eselskarren.

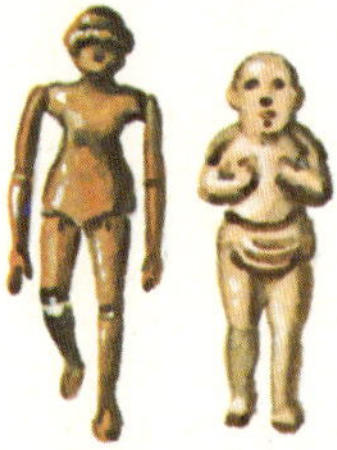

In Kindergräbern hat man Puppen wie diese gefunden.

Bäder

Es gab im ganzen Reich öffentliche Bäder, doch die in Rom waren besonders reich mit Statuen und Marmor geschmückt. Viele Bürger verbrachten dort einen Großteil des Tages, weil der Eintritt nichts oder nur sehr wenig kostete. Die Bäder waren nicht nur zum Waschen da. Sie hatten Sportanlagen und Gärten, oft auch Geschäfte und Büchereien. Man traf sich dort mit Freunden und plauderte. Gewöhnlich gab es für Männer und Frauen getrennte Bäder, doch zeitweise benutzte man sie auch gemeinsam.

Zuerst legte man seine Kleider auf ein Regal. Es bestand immer die Gefahr, daß sie gestohlen wurden.

Vor dem Baden trieb man oft Sport, wie z. B. Ringen oder Gewichtheben.

Unter dem Boden und in Wänden des **laconicums** zirkulierte Heißluft. Ein Becken mit kochendem Wasser erzeugte Dampf.

Auch das **caldarium** war warm und mit Dampf gefüllt. Dadurch schwitzte man stark. In einem Becken befand sich heißes Wasser zum Baden.

Im Keller war ein Ofen, in dem das Wasser erhitzt wurde. Sklaven schürten ununterbrochen das Feuer. Vom Heißwasserbehälter wurde das Wasser durch Ton- oder Bleirohre in die Bäder geleitet.

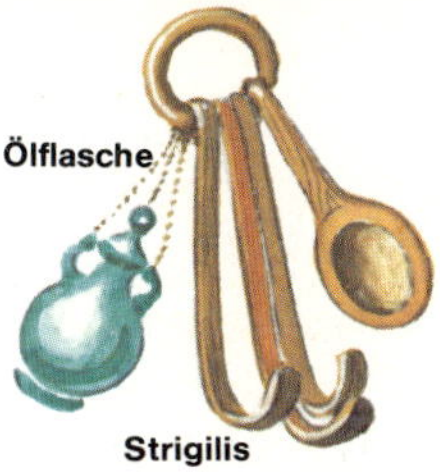

Statt Seife zu nehmen, rieben sich die Römer mit Öl ein und schabten es mit dem **strigilis** wieder ab.

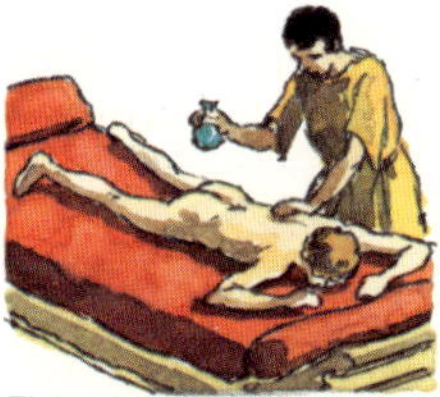

Einige brachten für diese Arbeit ihre Sklaven mit, andere mieteten Bedienstete des Bades.

Nach dem heißen Bad entspannte man sich in einem lauwarmen Becken, dem **tepidarium**.

Das Kaltbad oder **frigidarium** war ein großes Schwimmbecken, das meist im Freien lag. Nach dem Schwimmen ruhte man sich am Beckenrand aus. Für Hungrige wurden oft Imbisse verkauft.

Nach dem Bad

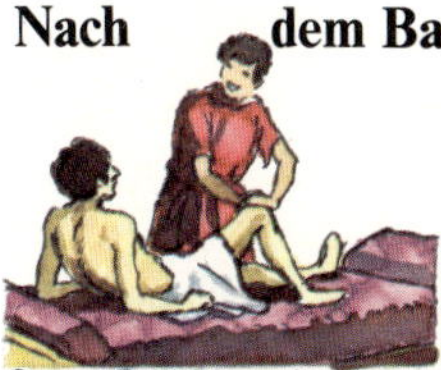

Gegen Bezahlung konnte man sich von einem Bediensteten den Körper massieren lassen.

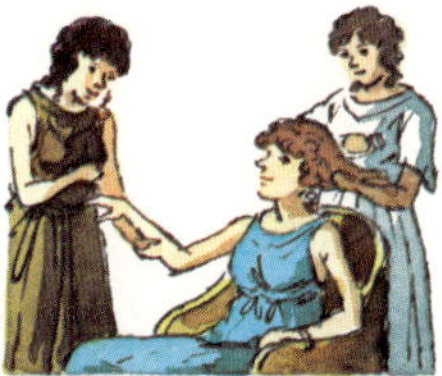

Meist standen Barbiere und Friseure zur Verfügung. Für Schönheitsbehandlungen konnte man Sklaven mieten.

Wer ernsthaftere Interessen hatte, konnte an Vorträgen und Diskussionsgruppen teilnehmen.

Zu den Bädern gehörten Gärten, in denen man spazierengehen konnte und sich mit Freunden traf. Geschäftsleute suchten sich ein ruhiges Plätzchen und beredeten miteinander ihre Geschäfte.

Große Bäder hatten oft auch Bibliotheken, in denen man lesen konnte.

Die Spiele

Die sogenannten Spiele waren Kämpfe und Massaker, die zur Unterhaltung der römischen Bürger veranstaltet wurden. Sie waren 264 v. Chr. durch zwei Männer ins Leben gerufen worden, die als Opfer für ihren toten Vater sechs Sklaven einen Todeskampf austragen ließen. Kämpfe dieser Art wurden sehr beliebt. Sie fanden oft statt, um einen Gott oder einen militärischen Sieg zu feiern.

Zunächst baute man Holztribünen, später steinerne Amphitheater, wie das Kolosseum in Rom. Sie waren mit Toiletten und Gasthäusern ausgestattet. Die Spiele begannen immer mit einem feierlichen Einzug. Die Gladiatoren (die kämpfenden Männer) wurden dabei von Tänzern, Musikern, Schaustellern und Priestern begleitet.

Gladiatoren waren Sklaven, Verbrecher und verschuldete Männer. Sie wurden in besonderen Schulen ausgebildet, meist von ehemaligen Gladiatoren.

Um die Kämpfe interessanter zu machen, gab es verschiedene Kampfarten mit unterschiedlichen Waffen und Ausrüstungen. Die beiden Gladiatoren rechts im Bild sind als Samnit und Thraker verkleidet, die mit den Römern verfeindet waren. Den Kämpfer mit Netz und Dreizack nennt man **retiarius.**

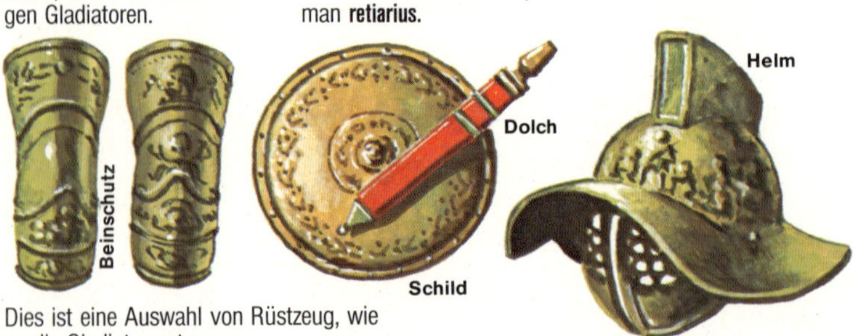

Dies ist eine Auswahl von Rüstzeug, wie es die Gladiatoren trugen.

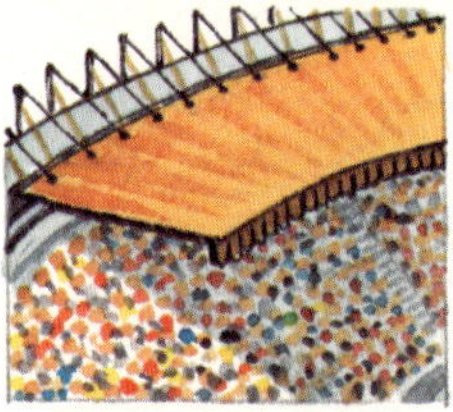

Um die Zuschauer vor Sonne und Regen zu schützen, konnte über den ganzen Sitzbereich eine Plane, das **velarium**, gespannt werden.

Vor Beginn eines Kampfes grüßten die Gladiatoren den Kaiser mit den Worten „Heil dir, Caesar! Die dem Tode Geweihten begrüßen dich."

War ein Mann besiegt, entschied der Kaiser über sein Leben. Daumen nach unten hieß „Tod", Daumen nach oben „laß ihn leben".

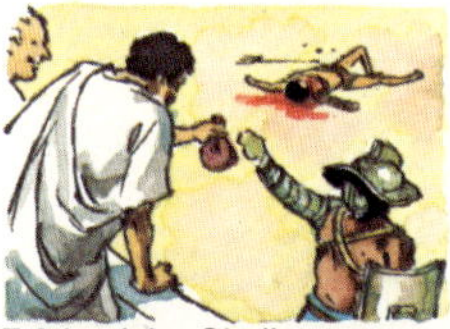

Erfolgreiche Gladiatoren wurden mit Gold belohnt und als Helden gefeiert. Gewann ein Gladiator oft, konnte er sich manchmal die Freiheit erkaufen.

Manche Gladiatoren mußten zu Pferd und mit verbundenen Augen kämpfen.

Andere mußten gegen wilde Tiere wie Löwen oder Tiger antreten.

Zu den beliebtesten Spielen gehörte es, die Arena zu überfluten und Seeschlachten nachzustellen, wie etwa die zwischen Athenern und Persern.

Aus fremden Ländern schaffte man Tiere herbei und stellte sie in der Arena zur Schau. Einmal ließ man eine Herde Giraffen und Strauße los, nur damit Bogenschützen sie abschießen konnten.

Manchmal ließ man wilde Tiere miteinander kämpfen.

Bei Massakern warf man in der Arena ausgehungerten wilden Tieren Juden, Christen und Verbrecher zum Fraß vor.

Waren die Kämpfe zu Ende, schaffte man die Leichen fort und streute Sand auf die Blutlachen.

Musik, Tanz und Theater

Berufsmusiker und -tänzer traten bei privaten Festlichkeiten, in Theatern oder bei sportlichen Ereignissen wie Rennen oder den Spielen auf. Meist waren es Sklaven oder Freigelassene.

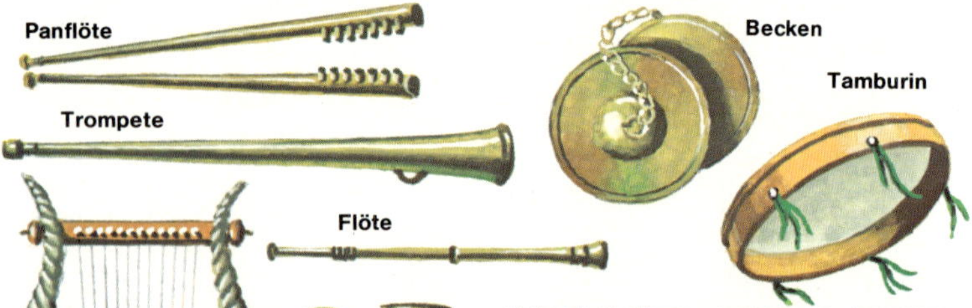

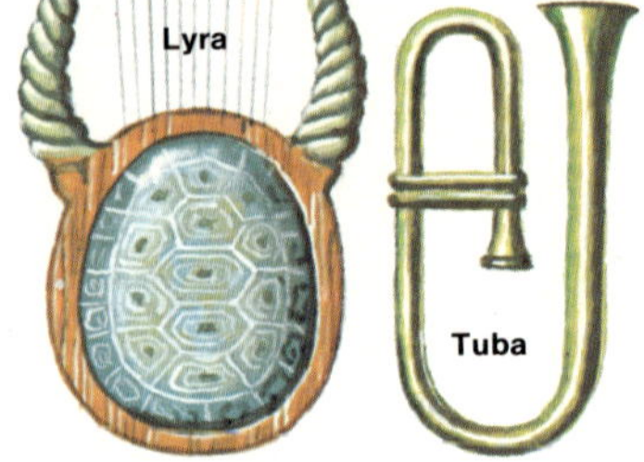

Dies sind einige Instrumente, die die Römer spielten.

Reiche Römer, wie dieses Mädchen, hatten Musikunterricht, wo sie Singen und das Spielen von Instrumenten erlernten, doch sie blieben immer Amateure.

Manchmal gaben Gruppen von fahrenden Musikanten, Gauklern und Akrobaten in den Straßen Vorstellungen.

Zur Zeit des Kaiserreichs traten bei Festen stets Tänzer auf. Selbst zu tanzen empfanden die Römer allerdings als würdelos.

240 v. Chr. begann man in Rom mit der Aufführung ernster griechischer Schauspiele. Im allgemeinen bevorzugten die Römer aber Possen.

Die Schauspieler trugen immer Masken, an denen man den Charakter der dargestellten Personen erkennen konnte.

Zunächst fanden die Aufführungen auf provisorischen Holzbühnen statt. Ab dem 1. Jahrhundert v. Chr. baute man dann Steintheater. Ihnen dienten die griechischen Theater als Vorbild, doch die Sitzreihen wurden von Bögen und Gewölben getragen und waren nicht mehr in einen Hang gebaut. Prominente Leute saßen immer ganz vorn. Bis zum Beginn der Vorstellung war die Bühne durch einen Vorhang verdeckt.

Meist waren die Schauspieler Freigelassene. Hier macht sich eine Gruppe für die Aufführung zurecht. Zunächst durften nur Männer auf die Bühne, die dann auch die Frauenrollen spielten.

Einige Schauspieler wurden sehr berühmt und von ihren Anhängern wie „Stars“ gefeiert.

Die späteren Tragödien wurden von einer Männergruppe – dem Chor – gesprochen. Er befand sich im Orchester. Der Schauspieler mimte nur. Er wurde **pantomimus** genannt.

Auch in der Komödie gab es Veränderungen. Die Schauspieler trugen keine Masken mehr, und Frauen wurden zur Bühne zugelassen.

Sport und Spiel

Die Römer warem im allgemeinen lieber Zuschauer als aktive Sportler, doch sie hielten sich fit. In jeder Stadt gab es einen Sportplatz, die **palaestra**, der meist den Bädern angeschlossen war. Dort übte man Laufen, Springen, Ringen und Speerwerfen.

Berufssportler waren meist Griechen. Man konnte sie an ihrem Haar erkennen, das sie auf dem Kopf zu einem Knoten zusammengebunden hatten.

Boxer trugen **caesti** – metallbewehrte Handschuhe –, mit denen sie ihren Gegner schwer verwunden konnten.

Die Römer kannten verschiedene Ballspiele. Manche hatten in ihren Villen besondere Zimmer, in denen sie Ball spielten.

Auf dem Land jagten römische Adlige manchmal Wildschweine und Hochwild. Jagdhunde wie diese wurden aus Britannien eingeführt.

Auch Fischen war ein beliebter Sport. Man fischte außerhalb von Rom im Tiber und benutzte dazu einfache Angeln oder Handnetze.

Zimmerspiele

Die Römer kannten zahlreiche Würfel- und Brettspiele. Diese Würfel sind aus Elfenbein gemacht.

Das Knöchelspiel kam ursprünglich aus Griechenland. Es wurde mit vier Stücken gespielt, mit Knochen oder knochenförmigen Teilchen aus Glas, Ton oder Bronze. Sie hatten auf allen Seiten Zahlen. Der Spieler warf die Stücke wie Würfel und zählte dann die Zahlen zusammen.

Wagenrennen

Wagenrennen waren im ganzen Reich gleichermaßen beliebt. In Rom gab es ein riesiges Stadion, den **circus maximus**, der 250 000 Menschen faßte. Die Wagenlenker waren meist Sklaven oder Freigelassene. Sie hatten die Zügel um ihre Taillen gebunden, trugen aber Messer bei sich, um sich im Ernstfall befreien zu können. Zum Schutz hatten sie Helme auf. Die Wagenlenker waren in vier Mannschaften geteilt: Rote, Blaue, Grüne und Weiße. Die Zuschauer wetteten auf den Sieg einer Mannschaft.

Ein Rennen dauerte meist sieben Runden. Störversuche und Karambolagen waren erlaubt und trugen wesentlich zu Spannung und Gefährlichkeit bei.

Der Gewinner wurde mit Gold belohnt und als Held gefeiert.

Villen und Gärten

Während des 1. Jahrhunderts v. Chr. begannen reiche Römer damit, sich auf ihren Landsitzen oder an beliebten Küstenstreifen riesige Villen zu bauen. Diese Villen hatten meist zwei Stockwerke und wunderschön angelegte Gärten mit Springbrunnen und Wasserbecken.

Auf diesem römischen Gemälde siehst du, wie eine Villa am Meer ausgesehen hat.

Die Gärten waren mit Standbildern und Vasen geschmückt. Dieser Junge mit Delphin ist Teil einer Brunnenskulptur.

Die Innenwände der Villen waren oft bunt bemalt. Meist konnte man Landschaften oder Szenen aus Geschichten von Göttern und Göttinnen darauf sehen.

Böden wurden mit Fliesen oder Mosaiken ausgelegt. Manche Muster waren geometrisch, andere zeigten Tiere oder Menschen.

Landwirtschaft

Anfangs waren die meisten Römer Bauern, doch gegen Ende der Republik wurde die Arbeit auf den großen Anwesen von Sklaven verrichtet. Kleine Hofbesitzer, die keine Sklaven hatten, waren nicht mehr wettbewerbsfähig. Dies ist eine Villa auf einem recht großen Anwesen. Die wichtigsten Anbaufrüchte waren Getreide, Weintrauben und Oliven.

Weizen und Gerste

Vor der Aussaat mußte das Land gepflügt werden. Die römischen Holzpflüge waren mit Eisenspitzen versehen.

Dann brachte man die Saat aus. Weizen und Gerste waren die wichtigsten Getreidesorten.

Zur Erntezeit wurde das Getreide mit Sicheln gemäht. Dann verbrannte man die Stoppeln und pflügte die Felder erneut um.

In Gallien (Frankreich) wurde für die Weizenernte ein Karren erfunden, der vorn Messer hatte.

Zum Dreschen (das Korn vom Halm trennen) trieb man Pferde über den Dreschboden.

Dann wurde das Korn geworfelt (von der Spreu getrennt) und in Säcken in den Hofscheunen gelagert.

Früchte und Gemüse

Weintrauben baute man zum Essen und für Wein an. Zur Erntezeit wurden sie gepflückt, in Körbe gepackt und zum Hof gebracht.

Zur Weinbereitung kamen die Trauben in einen Steintrog. Männer hielten sich an Stöcken fest und zertraten die Trauben, um den Saft herauszupressen.

Mit einer Presse wurde der letzte Tropfen Saft herausgedrückt. Dann kam er in Krüge, wo er schließlich zu Wein vergor.

Oliven wuchsen in vielen Teilen des Reiches. Ihr Öl wurde zum Kochen, Reinigen und für Lampen benutzt.

Die Römer hatten auch Obstbäume. Dieser Mann pfropft einen Zweig auf einen Baum um die Obstqualität zu verbessern.

Große Gärtnereien außerhalb von Rom versorgten die Stadt mit Gemüse, Kräutern, Früchten und Blumen.

Fleisch und Fisch

Hühner, Gänse und Enten hielt man wegen ihrer Eier und ihres Fleisches.

Rinder, Schafe, Schweine und Ziegen wurden zum Verzehr gezogen. Die Milch der Kühe und Ziegen trank man oder machte Käse daraus. Aus den Rinderhäuten wurde Leder hergestellt. Hier melkt ein Knecht eine Ziege.

Manche Anwesen hatten Fischteiche, in denen Fische zum Essen gezogen wurden.

Man ging auch auf die Jagd. Die Römer jagten Hochwild, Wildschweine, Hasen, Rebhühner, Fasanen und Tauben.

Die Pacht

Einige Bauern besaßen kein eigenes Land und pachteten es von reichen Grundbesitzern. Sie gaben ihnen dafür Geld, Getreide oder Tiere.

Handwerk und Berufe

Anfangs waren die meisten Menschen in Rom als Bauern, Handwerker, Händler oder Arbeiter beschäftigt. Gegen Ende der Republik wurden viele dieser Arbeiten jedoch von Sklaven verrichtet. Die ärmeren Bürger, die Plebejer, waren oft arbeitslos. Der Adel sah ohnehin nur Beschäftigungen in der Regierung, der Armee oder auf den Gütern als ehrenwert an. Frauen arbeiteten meist zu Hause.

In Rom hatte jedes Gewerbe eine Zunft, das **collegium**, die zu Versammlungen und Essen einlud. Die Mitglieder zahlten in einen Fond, aus dem z. B. ihre Begräbniskosten bezahlt wurden.

Viele Menschen, vor allem Sklaven, waren in Mühlen beschäftigt, in denen Mehl gemahlen wurde. Meist waren diesen Bäckereien angeschlossen. In manchen Mühlen wurde die Arbeit von Eseln verrichtet.

Seit dem 1. Jahrhundert v. Chr. kannten die Römer Wasserräder und Mühlsteine, doch man benutzte sie selten.

Schmiede stellten aus Bronze, Eisen und Kupfer Waffen, Werkzeuge und Hausgerät her. Juweliere machten aus Gold und Silber Broschen, Ringe und andere Schmuckstücke.

Frühe Glasmacher formten das heiße und flüssige Glas in Gußformen. Im 1. Jahrhundert v. Chr. verwendeten die Römer dann die Technik des Glasblasens, die sie aus dem Nahen Osten mitgebracht hatten.

Tischler waren vielseitig beschäftigt, so z. B. beim Hausbau und in der Möbelherstellung. Viele ihrer Werkzeuge waren unseren heutigen sehr ähnlich.

Der Bootsbau war ein Gewerbe, in dem man viele Sklaven beschäftigte.

Töpfer machten Koch-, Lager- und Tischgeschirr. Manche Anwesen beschäftigten eigene Töpfer.

Schuster stellten viele verschiedene Schuhe her, wie genagelte Armeestiefel, Pantoffeln oder Sandalen.

Weben und Spinnen waren Arbeiten, die meist von Frauen zu Hause verrichtet wurden.

Neue Wollstoffe wurden von Walkern fertiggestellt. Zuerst weichte man den Stoff in Urin ein, um ihn dichter zu machen.

Um ihn zu reinigen, trat man in einer Mischung aus Soda und Walkerde (eine Art Ton) auf dem Stoff herum. Bei den Walkern ließ man auch die Togen reinigen.

Zum Bleichen hängte man den Stoff auf Gerüste über Schwefelfeuer. Die Dämpfe waren giftig, und viele Walker wurden durch sie schwer krank.

Nach dem Waschen wurde der Stoff mit Kardendisteln oder Igelhäuten gekämmt. Die Wollflocken stopfte man in Kissen.

Der Stoff wurde zum Trocknen aufgehängt, dann gefaltet und in einer großen Presse geglättet.

Sklaven waren nicht nur als Arbeiter beschäftigt. Gebildete Sklaven erledigten oft Büroarbeiten. Ehemalige Sklaven waren mitunter in Regierungsdiensten.

Manche Sklaven wurden Geschäftsführer bei ihren Herren. In ihrer Freizeit durften sie eigene Geschäfte machen. Von dem verdienten Geld konnten sie sich freikaufen.

Bauwesen

Die Steine kamen aus Steinbrüchen, die meist dem Staat gehörten. Dort waren viele Sklaven mit dem Trennen und Bewegen der Steine beschäftigt. Für größere Blöcke gab es Kräne. Um die Steine von der Felswand abzuspalten, bohrte man Löcher und steckte Holzkeile hinein. Dann wurden die Keile mit Wasser durchtränkt. Sie quollen auf und sprengten den Stein ab. Manchmal wurde er in noch kleinere Stücke zersägt.

Weil die Römer Sklaven hatten, konnten sie zahlreiche Bauvorhaben durchführen. Sie bauten neue Städte, Festungen, Brücken und Aquädukte, von denen heute noch viele erhalten sind. Um die Steine fortzubewegen, verwendete man Kräne und Baugerüste.

Bögen und Gewölbe

Zum Bau eines Bogens setzte man eine bogenförmige Holzstütze auf zwei Steinpfeiler und legte dann um die Stütze herum keilförmige Steine.

Ein Gewölbe wurde nach dem gleichen Prinzip gebaut, man legte nur die Stützen auf zwei Wände.

Baustoffe

Viele Häuser wurden aus Holzkonstruktionen gebaut, die man mit Steinen und Mörtel, einer Art Zement, füllte. Die Wände wurden verputzt.

Der Mörtel, der beim Trocknen hart wie Beton wurde, bestand aus Kalk, Sand, Wasser und Kies.

Oft wurden zum Bauen Ziegel verwendet. Sie waren dünner als unsere heutigen Ziegel. Man formte den Ton in Holzformen und brannte die Ziegel in einem Ofen.

Die Wände vornehmer Häuser wurden mit Wandmalereien und Gemälden verziert. Der Künstler trug die Farbe auf, solange der Putz noch naß war.

In öffentlichen Gebäuden und Privathäusern stellte man viele Marmorstatuen und Büsten auf. Sie wurden von Bildhauern und Steinmetzen gefertigt.

Auf Böden fand man manchmal Mosaiken. Mosaiken sind Bilder, die aus kleinen, farbigen Steinen zusammengesetzt werden.

Der Mosaikmacher arbeitete nach einem Plan. Zuerst verteilte er auf einer kleinen Fläche feuchten Mörtel und glättete ihn.

Dann drückte er die Steine genau nach seiner Vorlage in den Mörtel.

Brückenbau

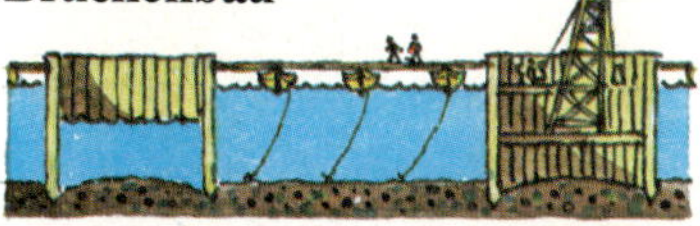

Zuerst wurde auf einer Anzahl von Booten eine provisorische Brücke errichtet. Dann trieb man Holzpfähle, die kreisförmig aneinandergekettet waren, in das Flußbett. Aus dem Innenraum, den die Pfähle bildeten, wurde das Wasser herausgepumpt.

Dann füllte man ihn mit Steinblöcken aus. So entstanden die Brückenpfeiler. Waren die Pfeiler hoch genug, zog man zwischen ihnen eine Gitterkonstruktion aus Holz nach oben und befestigte sie.

Religion

Meist spielte sich das religiöse Leben zu Hause ab. Man hatte einen Schrein, wo man täglich Andachten abhielt und zu Vesta, der Göttin des Herdes, betete.

In dem Schrein standen Figuren der Laren und Penaten, der Gottheiten, die Heim und Familie schützen sollten.

Tempel

So sah ein römischer Tempel aus. Jeder Tempel war einem Gott oder einer Göttin geweiht, dessen oder deren Standbild man im Innern aufgestellt hatte. In den Tempeln wurden aber keine Gottesdienste mit den Gläubigen zusammen abgehalten.

Vor dem Tempel war ein Altar, auf dem an Feiertagen den Göttern Tiere geopfert wurden.

Wenn die Menschen in Schwierigkeiten waren oder um etwas bitten wollten, suchten sie den Tempel ihres Lieblingsgottes auf.

Um den Gott gnädig zu stimmen, verbrannten sie Weihrauch und opferten Geld oder andere Dinge.

In den Tempeln dienten Priester und Priesterinnen. Sie nahmen die Opfer in Empfang und brachten sie den Gottheiten dar.

Der oberste Priester Roms war der **pontifex maximus.** Seit der Zeit von Kaiser Augustus (links) hatten immer die Kaiser dieses Amt inne.

Der Tempel der Vesta

Manche Tempel waren rund, wie etwa der Tempel der Göttin Vesta, das größte Heiligtum Roms. Im Innern hielten die vestalischen Jungfrauen ein Feuer in Gang, das nie verlöschen durfte.

Alle fünf Jahre wurde ein Mädchen ausgewählt, das 30 Jahre lang als Vestalin diente. Sie durfte nicht heiraten, war aber sehr angesehen und hatte Sonderrechte.

Weissagungen

Die Sibyllen waren Seherinnen, die in Höhlen lebten und die Zukunft voraussagten. Diese Weissagungen waren niedergeschrieben. In Krisenzeiten holten sich Kaiser und Politiker hier Rat.

Auguren waren Priester, die den Donner und den Flug mancher Vögel deuteten. Sie lasen daraus, ob die Götter mit ihren Anbetern böse oder zufrieden waren.

Die **haruspices** machten ähnliche Weissagungen, indem sie die Leber von Opfertieren betrachteten.

Man hielt auch heilige Hühner. Fraßen sie gierig, war das ein gutes Omen. Fraßen sie schlecht, waren die Götter verstimmt.

Die Römer glaubten, daß manche Ereignisse in den Sternen stehen. Deshalb hatten viele Kaiser einen Sterndeuter.

Einfache Leute gingen oft zu Wahrsagern, die ihnen mit Hilfe von Würfeln oder in Trance die Zukunft voraussagten.

Kranke suchten oft eine Wunderheilung, indem sie auf den Stufen des Tempels des Äskulap, dem Gott der Medizin, schliefen.

Andere badeten in heiligen Quellen, Brunnen oder Bädern.

Feste und Feiertage

Die Römer hatten viele Feiertage, an denen meist das Fest eines Gottes oder einer Göttin gefeiert wurde. Man hielt große Prozessionen ab. Die Regierung sorgte für Tiere, die auf dem Altar vor dem Tempel geopfert wurden. Diese Feiertage waren auch Anlaß für große Gelage und den Besuch der Spiele.

Das neue Jahr begann am 1. März. Man hängte frischen Lorbeer an die Türen der Gebäude, und die Vestalinnen zündeten in ihrem Tempel ein neues Feuer an.

Eines der fröhlichsten Feste waren die Saturnalien, das Fest des Gottes Saturn, das im Dezember stattfand. Dann tauschten die Sklaven mit ihren Herren die Rollen und wurden bedient.

Am Lupercalienfest im Februar wurde die Gründung Roms gefeiert. Dieses Standbild zeigt den legendären Gründer Romulus und seinen Bruder Remus, die von einer Wölfin genährt wurden.

Das Fest der Flora, Göttin der Blumen, dauerte eine ganze Woche. Die Tische verschwanden unter einem Blütenmeer, und die Menschen tanzten mit Blumengirlanden um den Hals.

Familienbräuche

In früher Zeit konnte der Familienvater bestimmen, daß schwache oder verkrüppelte Babys ausgesetzt wurden, weil man sich Kinder, die weder arbeiten noch kämpfen konnten, nicht erlauben konnte. Später hörte dieser Brauch auf, doch immer noch kontrollierte der Vater das Leben seiner Kinder und wählte die Ehepartner für sie aus.

Am 8. oder 9. Tag seines Lebens wurde ein Kind gewaschen. Es bekam einen Namen und eine **bulla**, ein Amulett aus Gold oder Leder.

Erreichte ein Junge das Mannesalter, wurde dies gefeiert. Er bekam die Toga eines Erwachsenen und übergab seine **bulla** dem Schrein.

Heirat

Hochzeiten begannen mit einem Opfer. Dann aßen Braut und Bräutigam einen besonderen Kuchen. Die Braut wurde in einer Prozession von Kindern zu ihrem neuen Heim geleitet, wo ihr Mann auf sie wartete. Nach weiteren Zeremonien wurde sie über die Türschwelle getragen.

Wie Frauen lebten

Anfangs hatten Römerinnen viele Pflichten, aber wenig Rechte. Eine Frau unterstand dem Mann; erst ihrem Vater, dann ihrem Ehemann und als Witwe schließlich ihrem Sohn. Scheidung war verboten. Später konnten die Frauen selbständiger über ihr Leben verfügen.

Bestattungen

Wenn Wohlhabende starben, zog man ihnen ihre besten Kleider an und bahrte sie im Atrium des Hauses auf. Freunde und Verwandte kamen, um ihnen die letzte Ehre zu erweisen. Am Tag der Beerdigung brachte man den Leichnam in einem Zug zum Forum. Dort wurden dann Leichenreden gehalten.

Anschließend wurde der Körper verbrannt und die Asche in eine Urne gefüllt.

Diese Urne kam in das Familiengrab, das außerhalb der Stadtgrenzen lag. Dann hielt man den Leichenschmaus.

Die Asche armer Leute wurde in riesigen unterirdischen Grabstätten, den Katakomben, aufbewahrt.

Sklaven und Bürger

Auf der untersten sozialen Stufe standen in Rom die Sklaven. Sie waren Eigentum ihrer Besitzer. Sklaven, die gebildet waren oder freundliche Besitzer hatten, konnten ein relativ angenehmes Leben führen. Viele andere mußten jedoch unter so schlechten Bedingungen arbeiten, daß sie sehr bald starben. Manchmal versuchten Sklaven fortzulaufen, doch meist fing man sie wieder ein.

Zuerst gab es wenig Sklaven, und man behandelte sie wie Familienmitglieder. Als das Römische Reich jedoch größer wurde, verkaufte man Tausende von Kriegsgefangenen auf den Sklavenmärkten.

Manchmal bekamen Sklaven ein Entgelt, das sie sparen konnten, um sich freizukaufen. Einige Herren schenkten ihren Lieblingssklaven die Freiheit.

Wurde ein Sklave freigelassen, hielt man ein Zeremoniell, die **manumissio**, ab. Manche Herren verfügten im Testament die Freilassung.

Viele der Freigelassenen arbeiteten hart und brachten es als Händler oder Handwerker zu Ansehen. Manche wurden sogar Bürger.

Bürger

Bürger besaßen gegenüber Nichtbürgern zahlreiche Vorrechte. Nichtbürger hatten zu vielen Einrichtungen in Rom, wie den Bädern oder den Spielen, keinen Zutritt. Bürger durften als Zeichen ihres Standes Togen tragen. Doch die Bürger der Unterschicht waren oft arm und arbeitslos.

Die Regierung gab den armen Bürgern Getreide und sorgte für Bäder, Rennen und Spiele, damit sie nicht unzufrieden wurden und ruhig blieben.

In früheren Zeiten waren die **equites** Reiteroffiziere, in der Kaiserzeit Geschäftsleute. Sie gehörten zu den reichen Bürgern.

Zu den Patriziern gehörten die reichsten Familien und der Adel. Sie konnten Regierungsämter übernehmen.

Reiche Römer vergrößerten ihren Einfluß durch ein Patronatssystem. Sie machten ärmere Bürger zu ihren Klienten, die dann ihren Patron regelmäßig besuchten und von ihm Geld, Kleidung und manchmal Arbeit erhielten. Im Gegenzug unterstützten die Klienten ihren Patronus bei Wahlen oder Gerichtsverhandlungen.

Regierung

Zur Zeit der Republik wurde Rom von Männern regiert, die den sogenannten Senat bildeten. Seine Mitglieder stammten aus dem Patrizierstand. Regierungsbeamte wurden von allen männlichen Bürgern gewählt. In der Kaiserzeit stand der Kaiser dem Senat vor und ernannte die Beamten.

Der Senat bestand aus 300 (später 600) Männern, den Senatoren. Sie führten die Regierungsgeschäfte und entschieden über die Verwendung öffentlicher Gelder. Hier findet gerade eine Sitzung der Senatoren statt.

Auf Militärstandarten waren die Buchstaben SPQR abgebildet. Sie stehen für „der Senat und das römische Volk“.

Die Plebejer hatten ihre eigene Versammlung, wo sie Vorschläge des Senats annehmen oder ablehnen konnten, doch sie durften keine eigenen Gesetze einbringen.

Die Plebejer wählten Tribunen, die ihre Interessen vertraten. Später nahmen die Kaiser den Tribunentitel an.

Berufspolitiker

Ein junger Mann aus guter Familie, der Politiker werden wollte, ging zunächst gewöhnlich einige Jahre zur Armee.

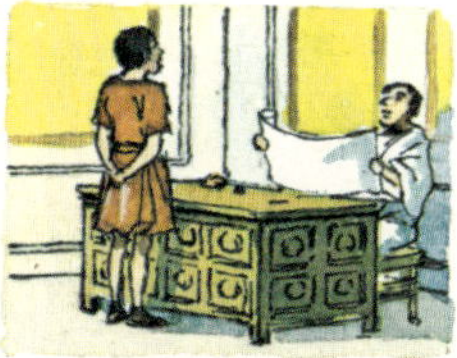

Sein erstes öffentliches Amt war meist das eines Quästors, d. h. er wurde Finanzberater.

Als nächstes wurde er Ädil und überwachte als solcher Märkte, Bauwesen und die öffentlichen Spiele.

Danach wurde er vielleicht Prätor. Dieser war für die Überwachung der Gerichte und die Einhaltung der Gesetze zuständig.

Das höchste Amt hatten die Konsuln. Zwei Konsuln wurden jedes Jahr von der Volksversammlung gewählt und führten den Vorsitz im Senat.

Ein ehemaliger Konsul konnte Prokonsul werden, also Statthalter in einer Provinz. Den Prokonsulen standen den Legaten zur Seite.

Bildung und Wissenschaft

Bei den Römern wurden nicht alle Berufe als gleichwertig betrachtet. Auf Lehrer schaute man zum Beispiel herunter und bezahlte sie schlecht. Meist unterrichteten deshalb Griechen. Die Römer bevorzugten eine Ausbildung mit praktischem Nutzen. Rechtsanwälte waren sehr angesehen, und die Rechtswissenschaften sah man als geeignetes Studium für junge Männer an, die in die Politik gehen wollten. Die meisten Schriftsteller und Dichter verdienten wenig und waren von reichen Gönnern abhängig, außer sie besaßen eigenes Vermögen.

Dies ist Vergil, einer der wenigen gutbezahlten römischen Dichter. Von ihm ist die Aeneis, die Geschichte des trojanischen Helden Aeneas und der Vision der Gründung Roms.

Eine Fähigkeit, die die Römer hochschätzten, war die Rhetorik oder Redekunst. Politiker und Anwälte mußten sie unbedingt beherrschen. Dies ist der berühmte Redner Cicero.

Philosophen (Menschen, die über die Weisheit und den Sinn des Lebens nachdachten) waren ebenfalls angesehen. Man las ihre Werke und kam, um ihre Lehren zu hören.

Da die Druckkunst noch nicht erfunden war, wurden Bücher mit der Hand geschrieben. Buchhändler beschäftigten dazu Sklaven, meist Griechen, die lesen und schreiben konnten.

Bücher

Die Blätter der Bücher wurden aus der Papyrusstaude hergestellt. An einem Ende wurde ein Stab angefügt, auf dem man den Papyrus zu einer Schriftrolle, dem Volumen, aufwickelte. Später wurden dann den heutigen ähnliche Bücher gemacht. Sie waren aus gefaltetem und zusammengenähtem Pergament (Tierhaut). Solche Bücher nennt man Codex.

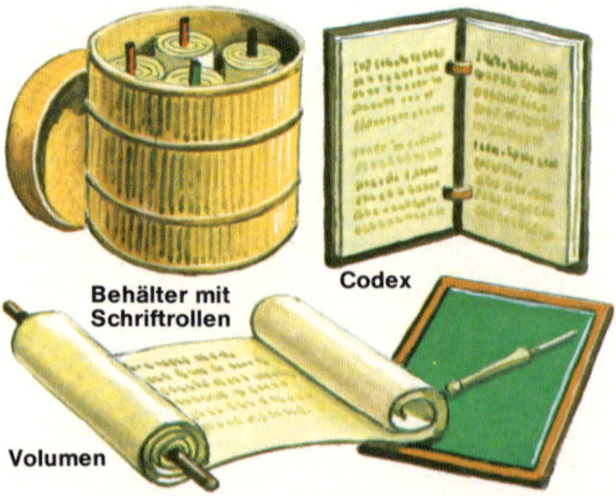

Recht

Das römische Recht basierte auf dem „Zwölftafelgesetz“ aus dem 5. Jahrhundert v. Chr., in dem die Strafen für die hauptsächlichen Vergehen festgelegt waren. Später wurde es erweitert. Manchmal übernahm man Gesetze von unterworfenen Völkern. In den Augen des Gesetzes waren die Menschen in die **honestiores** (angesehene obere Stände) und die **humiliores** (ärmere untere Stände) eingeteilt. Die **humiliores** wurden meist sehr viel härter bestraft.

Ein Angeklagter konnte sich selbst verteidigen oder einen Anwalt nehmen, den er aber bezahlen mußte.

Medizin

Dies sind chirurgische Instrumente der Römer. Es gab viele erfahrene Chirurgen, doch Operationen waren gefährlich, weil man weder Betäubungsmittel noch antiseptische Mittel kannte.

Anfangs gab es in Rom keine Ärzte. Man versuchte, die Familie mit selbstgebrauten Tränken und alten Hausmitteln zu heilen. Ab dem 2. Jahrhundert v. Chr. kamen griechische Ärzte nach Rom, die man gut bezahlte. Neben Arzneien verordneten sie Diät, frische Luft, Sport, Bäder und Massagen. Manche Ärzte versuchten allerdings immer noch, ihre Patienten mit Mitteln zu heilen, die z. B. aus Tierexkrementen oder Gladiatorenblut gemacht wurden.

Römische Ziffern

Dies sind die römischen Zahlen. Steht eine kleinere Ziffer vor einer größeren, mußt du sie von dieser abziehen, z. B. IV = 4 (5-1). Folgt eine kleinere Ziffer auf eine größere, wird sie dazugezählt, z. B. VII = 7 (5+1+1).

I	**II**	**III**	**IV**	**V**
1	**2**	**3**	**4**	**5**
VI	**VII**	**VIII**	**IX**	**X**
6	**7**	**8**	**9**	**10**
XI	**XII**	**XIII**	**XIV**	**XV**
11	**12**	**13**	**14**	**15**
XVI	**XVII**	**XVIII**	**XIX**	**XX**
16	**17**	**18**	**19**	**20**
XL	**L**	**XC**	**C**	**CC**
40	**50**	**90**	**100**	**200**
CD	**D**	**DC**	**CM**	**M**
400	**500**	**600**	**900**	**1000**

Kalender

Bis zum Jahr 153 v. Chr. begann das römische Jahr am 1. März. Dann änderte man das Datum auf den 1. Januar. Das Jahr wurde in 12 Monate unterteilt, die man nach Göttern, Kaisern oder Zahlen benannte. Auch unseren Monatsnamen liegen solche Bezeichnungen zugrunde. „März“ kommt z. B. von dem Gott Mars, der „Juli“ wurde später nach Julius Caesar und „August“ nach dem Kaiser Augustus genannt. Das Jahr hatte 365 Tage; da es kein Schaltjahr gab, begannen sich aber die Jahreszeiten zu verschieben. Caesar nahm deshalb 45 v. Chr. eine Korrektur vor; erst 1582 wurde die Zeitrechnung durch die Kalenderreform Papst Gregors erneut korrigiert.

Armee

Durch fast ununterbrochene Kriege mit ihren Nachbarn wurden die Römer sehr gute und erfahrene Soldaten. In der Anfangszeit mußten alle Bürger, die über Besitz verfügten, in der Armee dienen und die Waffen selber stellen. Gewöhnlich fanden die Feldzüge im Sommer statt.

Die ersten Heere bestanden aus vier Gruppen von Soldaten. **Hastati** und **principes** waren jüngere Männer mit leichten Waffen. Die triarii waren älter und schwerer bewaffnet. **Velites** waren arme Bürger, die Waffen, aber keine Rüstung besaßen.

Die Heeresreform

Als das Reich wuchs und viele Schlachten im Ausland stattfanden, wurde ein Berufsheer notwendig. Im 2. Jahrhundert v. Chr. reformierte der Feldherr Marius (links) die Armee. Er gab allen Soldaten Uniformen und Waffen und erhöhte den Sold.

Die Rekruten wurden hart trainiert. Sie mußten marschieren, reiten, schwimmen, kämpfen und Lager aufbauen können.

Später wurden die Kettenhemden durch Panzer aus Metallplatten ersetzt. In kälteren Gegenden trugen die Soldaten Kniehosen.

Jeder Soldat besaß ein kurzes Schwert, einen Dolch, einen langen und einen kurzen Wurfspieß **(pilum)**, einen Helm, ein Kettenhemd und einen Schild. Jede Kohorte (s. nächste Seite) hatte andersfarbige Schilde.

Höhere Offiziere hatten maßgeschneiderte Rüstungen aus Leder und Bronze. Dies ist Julius Caesar in seiner Armeeuniform.

Die Organisation der Armee

Die Armee teilte sich in Legionen. Zur Zeit des Kaiserreiches gab es 28 Legionen, die wiederum in zehn Kohorten gegliedert waren. Die Erste Kohorte war mit 800 Mann am größten. In den anderen Kohorten waren je 480 Männer, die sich in sechs Zenturien zu 80 Mann teilten. Gewöhnliche Soldaten nannte man Legionäre.

Manche Legionen hatten besondere Namen und Embleme. Dies ist der rennende Keiler, Symbol der 20. Legion, der sogenannten **valeria victrix.**

Jede Legion wurde von einem Legaten befehligt und hatte eine Standarte mit einem Adler, die von einem **aquilifer** getragen wurde.

Neben dem Legaten gab es sechs Offiziere, die Tribunen. Der oberste Tribun war Vertreter des Legaten. Oft wurden junge Männer, die am Beginn einer politischen Laufbahn standen, Tribune.

Dritter in der Rangfolge nach Legat und ranghöchstem Tribun war der Präfekt. Er hatte für die Ausrüstung und für Arbeiten wie den Aufbau des Lagers zu sorgen.

Jede Zenturie wurde von einem Zenturio befehligt. Ferner hatte sie einen Adlerträger und einen Stellvertreter des Zenturio.

Eine Zenturie war in 8-Mann-Gruppen geteilt, die in einem Zelt schliefen und gemeinsam aßen. Diese Gruppe nannte man ein **contubernium.**

Jede Legion besaß eine Reiterei zum Auskundschaften und übermitteln von Nachrichten.

Nichtbürger konnten sich einer Legion als Hilfstruppen anschließen. Nach 25 Jahren erhielten sie dann die Bürgerrechte, und ihre Söhne konnten Legionäre werden.

Kriegführung

Wenn die Armee in die Schlacht zog, mußte jeder Soldat seine Ausrüstung selber tragen. Dazu gehörten Waffen, Werkzeuge, Schlafzeug, Kochgeschirr und Essen für drei Tage.

Jede Nacht wurde ein Lager errichtet. Zum Schutz baute man um die Zelte herum einen Holzzaun, grub einen Graben und schüttete einen Erdwall auf.

Hier ist ein Arzt auf dem Schlachtfeld beschäftigt. Die Lager und Festungen hatten gut ausgestattete Hospitäler für Kranke und Verwundete. Neben den Soldaten gab es in den Legionen Ärzte, Schreiber, Priester, Ingenieure, Landmesser und Arbeiter.

Die Disziplin in der Armee war streng. Jedes Vergehen wurde bestraft. Die Strafen reichten von zusätzlicher Arbeit über Stockschläge bis zum Tod.

Die Römer waren Belagerungsexperten. Sie besaßen Katapulte, mit denen sie Felsbrocken schleuderten, und Rammböcke, um die feindlichen Mauern zu zerstören. Zum Stürmen der Mauern benutzten sie Belagerungstürme.

Die Soldaten formierten sich mit ihren Schilden zu einer „Schildkröte“, so daß sie sicher gegen den Feind marschieren konnten.

Obwohl die Soldaten Sold erhielten, durften sie zur Belohnung eroberte Städte und Festungen plündern.

Verteidigung

Die Römer bauten entlang ihrer Grenzen steinerne Festungen. Dort wurden Legionen stationiert, die die Grenze schützten, Eindringlinge abwehrten und in der Bevölkerung für Recht und Ordnung sorgten.

Solche Grenzbefestigungen gab es z. B. im Rhein-Taunus-Gebiet (Limes) und in Nordengland (Hadrianswall). Man kann sie heute noch besichtigen.

Kriegsschiffe

Die römischen Kriegsschiffe waren Galeeren mit zwei bis fünf Reihen Ruderbänken. Diese Schiffe wurden meist zum Truppentransport gebraucht, obwohl die Römer auch viele Seeschlachten mit den nordafrikanischen Karthagern schlugen. Außerdem wurden die Schiffe im Kampf gegen Piraten eingesetzt.

Im Kaiserreich

Die Prätorianer waren die Leibwache des Kaisers. Um sich ihre Ergebenheit zu sichern, bezahlte man sie gut.

Es gab verschiedene Tapferkeitsauszeichnungen wie etwa Medaillen und Kränze. Wenn Soldaten ihren Dienst quittierten, bekamen sie Geld oder Land.

Nach einem Sieg hielten die Kaiser Triumphzüge ab oder bauten Bögen und Säulen, um sich zu feiern und bei den Untertanen Eindruck zu machen.

Transport und Verkehr

Im Kaiserreich wurde das Reisen durch die ausgezeichneten Straßen, die die Römer bauten, sehr erleichtert. Sie waren schnurgerade, außer es gab ein großes Hindernis, wie etwa einen hohen Berg. Auf den Straßen konnte die Armee schnell in Krisengebiete gelangen. Alle 1000 Schritte (etwa 1500 m) waren Meilensteine.

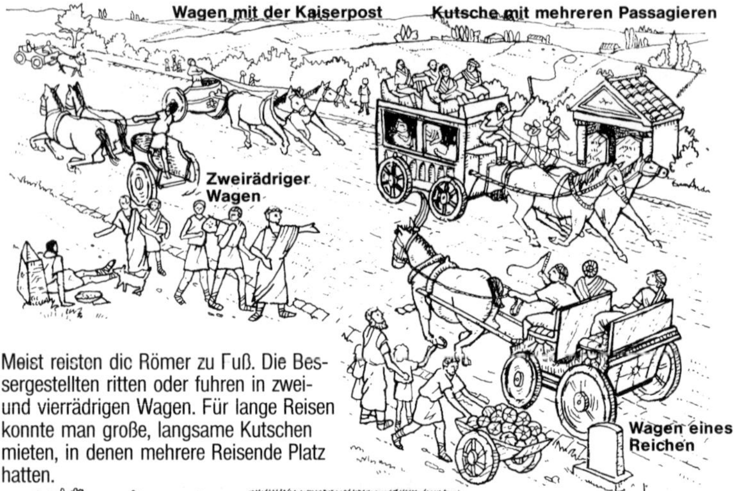

Meist reisten die Römer zu Fuß. Die Bessergestellten ritten oder fuhren in zwei- und vierrädrigen Wagen. Für lange Reisen konnte man große, langsame Kutschen mieten, in denen mehrere Reisende Platz hatten.

Am Wege lagen Gasthäuser, in denen man ausruhen oder die Pferde wechseln konnte.

In der Nacht schlug man seine Zelte am Straßenrand auf. Reiche hatten Diener und Wachen bei sich.

Obwohl sich die Armee um die Sicherheit der Straßen bemühte, waren Banditen eine ständige Gefahr.

Verkehr in Rom

In Rom selbst waren tagsüber keine Gefährte mit Rädern erlaubt. Deshalb ließen sich Reiche von Sklaven in Sänften tragen. Manche Sänften waren aus seltenen Hölzern und hatten Beschläge aus Gold, Silber und Elfenbein.

Karren mit schweren Waren fuhren in der Nacht. Sie wurden von Pferden, Maulaeseln und Ochsen gezogen.

Straßenbau

Zuerst markierten Landmesser die neue Straße mit Stäben. Um festzustellen, ob der Boden eben war, verwendeten sie ein Instrument, das **groma** hieß.

Dann gruben Arbeiter einen Graben und setzten Randsteine. Hauptstraßen waren etwa 12 m breit.

Mit Sand, Steinen und Kieseln wurde ein stabiler Unterbau gemacht. Die steinerne Deckschicht war etwas geneigt, damit Regenwasser ablaufen konnte.

Schiffahrt

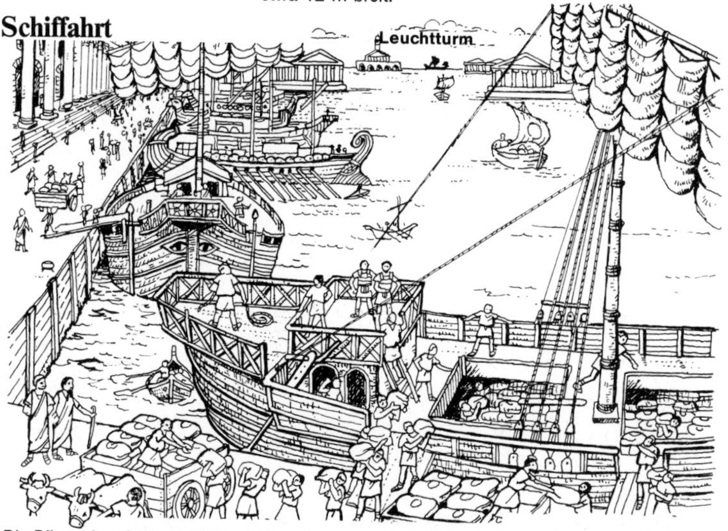

Die Römer handelten mit allen Teilen des Reichs und vielen anderen Ländern. Die Schiffe liefen gewöhnlich den Hafen Ostia an der Küste nahe Rom an. Lange waren Piraten eine Gefahr, bis man unter dem Oberbefehl von Pompejus einen erfolgreichen Krieg gegen sie führte. Zur Zeit von Kaiser Augustus segelte jedes Jahr eine Flotte von etwa 120 Schiffen selbst zu so entlegenen Ländern wie Indien.

Schwere Güter wurden im Binnenland oft auf den Flüssen transportiert. Manche Boote wurden gezogen, andere hatten Segel oder Ruder.

Manch reicher Römer war eifriger Tourist und bereiste das gesamte Reich, um sich weiterzubilden oder um sich zu erholen.

Architektur

Als die Römer Griechenland eroberten, waren sie von der dortigen Architektur begeistert. Sie übernahmen nicht nur den griechischen Stil, sondern auch Architekten und Handwerker. Aus diesem Grund ist die römische Architektur der griechischen sehr ähnlich.

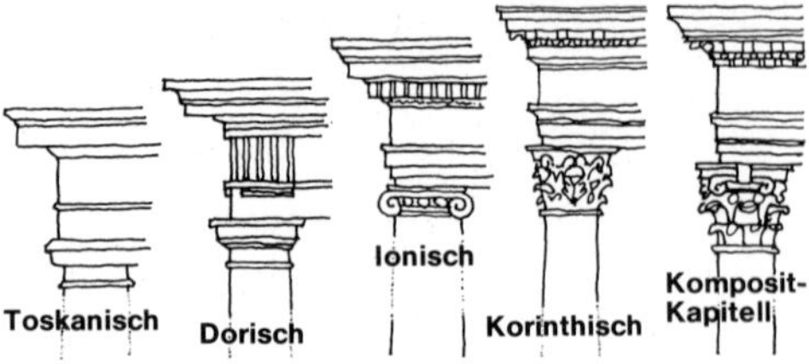

Die Römer bauten fünf verschiedene Kapitelle, von denen drei aus der griechischen Architektur übernommen sind. Säulen dienten sowohl als tragendes Element als auch zur Zierde.

Römische Tempel sahen den griechischen sehr ähnlich. Meist waren sie rechteckig und hatten dreieckige Ziergiebel und Säulen an der Frontseite. Der Tempel stand meist auf einem mehrstufigen Unterbau.

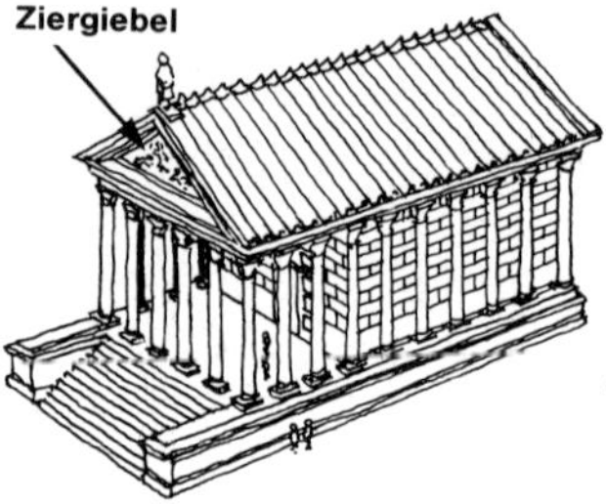

Es gab auch einige kleine runde Tempel.

Stadtplanung

Wenn die Römer eine neue Stadt bauten, wurde sie auf einem Raster geplant, so daß die Straßen überall im rechten Winkel und parallel zueinander verliefen.

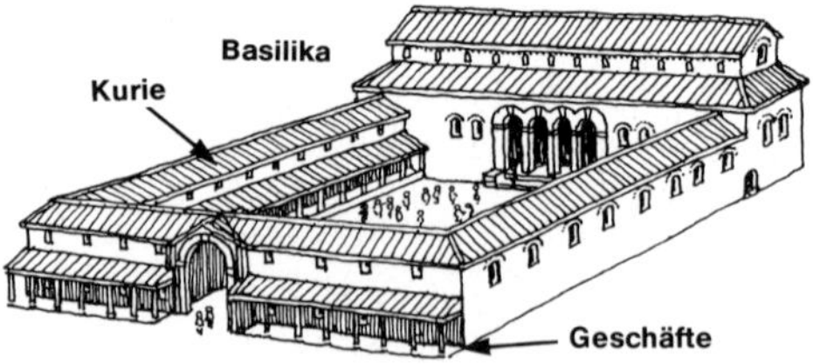

Jede Stadt hatte ein Forum, einen Platz, wo der Markt und Versammlungen abgehalten wurden. Rund um den Platz waren Arkaden mit Geschäften, die Kurie (Tagungsstätte des Senats) und die Basilika (für Gerichtssitzungen).

Die Basilika wurde zum Vorbild für die ersten christlichen Kirchen. Sie war meist rechteckig und hatte ein Mittelschiff mit kleineren Seitenschiffen. In den Seitenschiffen waren manchmal Säulenreihen.

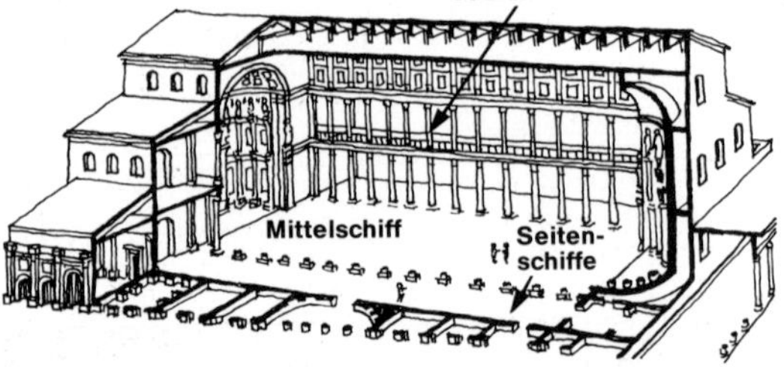

Bögen, Gewölbe und Kuppelbauten

Obwohl die Römer den Bogen nicht erfunden haben, setzten sie ihn doch öfter ein als irgend jemand zuvor. Im ganzen Reich bauten sie riesige Brücken und Aquädukte.

Triumphbögen wie dieser wurden in Rom und in den Provinzen errichtet, um gewonnene Schlachten zu feiern.

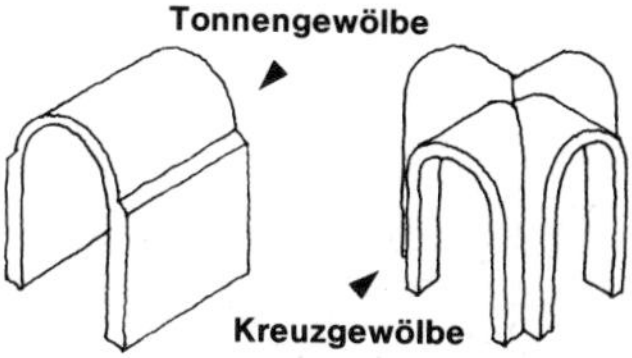

Das Tonnengewölbe war einfach ein in die Länge gezogener Bogen oder mehrere aneinandergereihte Bögen. Ein Kreuzgewölbe bestand aus zwei sich im rechten Winkel überschneidenden Tonnengewölben.

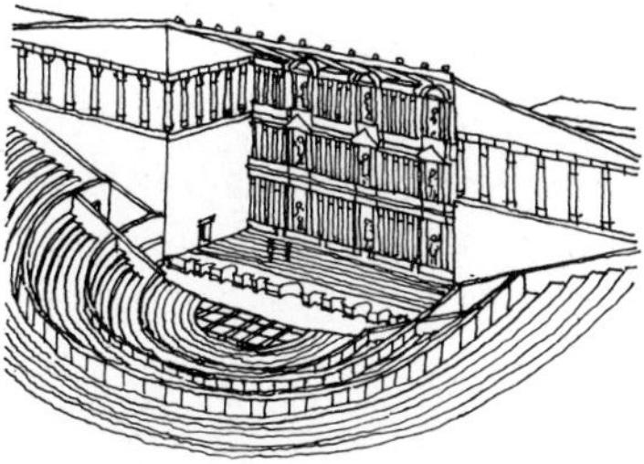

Römische Theater wurden auf ebenen Boden gebaut. Bögen und Gewölbe trugen die Sitzreihen. Bei den griechischen Theatern waren die Sitze in einen natürlichen Hang hineingebaut.

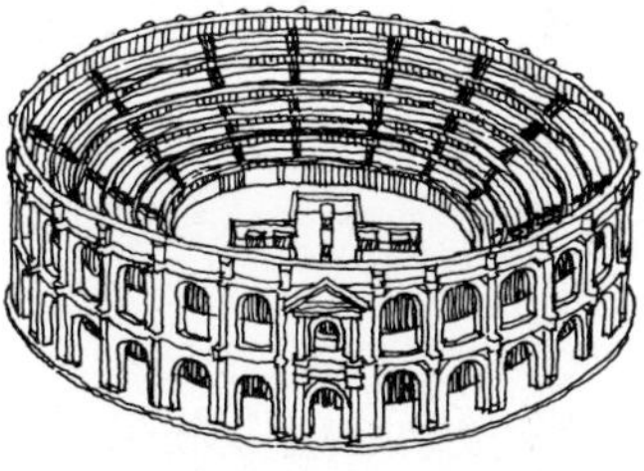

Mit der gleichen Technik bauten die Römer Amphitheater und runde oder ovale Stadien, in denen Gladiatorenkämpfe und Wagenrennen ausgetragen wurden.

Kuppelbauten sind eine römische Entwicklung. Dabei wird ein Gewölbe über einen runden Innenraum gebaut. Dies ist ein Querschnitt des Pantheons, ein römischer Tempel, den man heute als Kirche benutzt.

Götter und Göttinnen

Die meisten der römischen Gottheiten stehen in enger Beziehung zu griechischen Göttern, obwohl sie andere Namen tragen. Die Römer verehrten auch Götter unterworfener Völker. In der Kaiserzeit wurde es üblich, den Kaiser als Gott zu verehren. Die Römer glaubten, daß die Götter über jeden Aspekt des Lebens wachen würden. Im 1. Jahrhundert v. Chr. begannen jedoch viele Mitglieder der herrschenden Klasse ihren Glauben an sie zu verlieren.

▲ **Jupiter** (Zeus)*, Donnergott und König der Götter.

◀ **Juno** (Hera), Jupiters Weib, Göttin der Frauen und der Geburt.

▶ **Minerva** (Athene), Göttin der Weisheit und der Handwerker.

◀ **Mars** (Ares), der Kriegsgott.

▲ **Diana** (Artemis), Göttin des Mondes und der Jagd.

▲ **Venus** (Aphrodite), Göttin der Liebe und Schönheit.

Ceres (Demeter), Göttin des Ackerbaus.

Apoll (Apoll), Sonnengott und Gott der Dichtkunst.

▼

▶ **Merkur** (Hermes), Götterbote und Beschützer der Händler.

▼ **Neptun** (Poseidon), der Meeresgott.

▼ **Faun** (Pan) und **Flora,** Beschützer von Hirten, Wald und Pflanzenwelt.

Bacchus (Dionysos), Gott des Weins.

▼ **Hades** (Pluto) und **Proserpina** (Persephone) Gott und Göttin der Unterwelt.

* In Klammern stehen die alten griechischen Namen.

Kulte und fremde Götter

Zu Ende der Republik hatten viele Römer ihren Glauben an die alten Götter verloren und wendeten sich neuen fremden Gottheiten zu, deren Verehrung oft mit geheimen Riten und Zeremonien verbunden war und den Gläubigen ewiges Glück versprach.

Zuerst betrachteten viele Römer die neuen Kulte mit großem Mißtrauen, weil sie oft im geheimen abgehalten wurden und wilde Orgien beinhalteten.

Die meisten Kulte, wie der der ägyptischen Göttin **Isis** (oben), versprachen ihren Anhängern Leben nach dem Tod.

Kybele, die Muttergottheit Kleinasiens, war Gegenstand eines anderen, weitverbreiteten Kults.

Viele Soldaten verehrten den persischen Sonnengott **Mithras**. Frauen durften an dem Kult nicht teilnehmen.

Die Römer erlaubten den unterworfenen Völkern meist, weiterhin ihre alten Götter anzubeten. Dies ist die Göttin **Epona** aus Britannien.

Eine andere fremde Gottheit war **Diana von Ephesos**, die sich von der römischen Diana unterschied.

Manchmal ging eine lokale Gottheit in einer römischen auf, wie die **Sul-Minerva**, Göttin einer heiligen Quelle in Bath (Britannien).

Nur wenige Religionen waren verboten. Die keltischen Priester, die **Druiden**, waren aktiv im Widerstand gegen die römischen Besatzer – deshalb wurden sie verfolgt.

Die ersten **Christen** wurden verfolgt, weil sie den Kaiser nicht anbeten wollten. Man hielt sie für einen gefährlichen Geheimbund. Doch ihre Zahl wuchs, und 313 n. Chr. erläßt Konstantin das sogenannte Toleranzedikt.

Das Zentrum von Rom

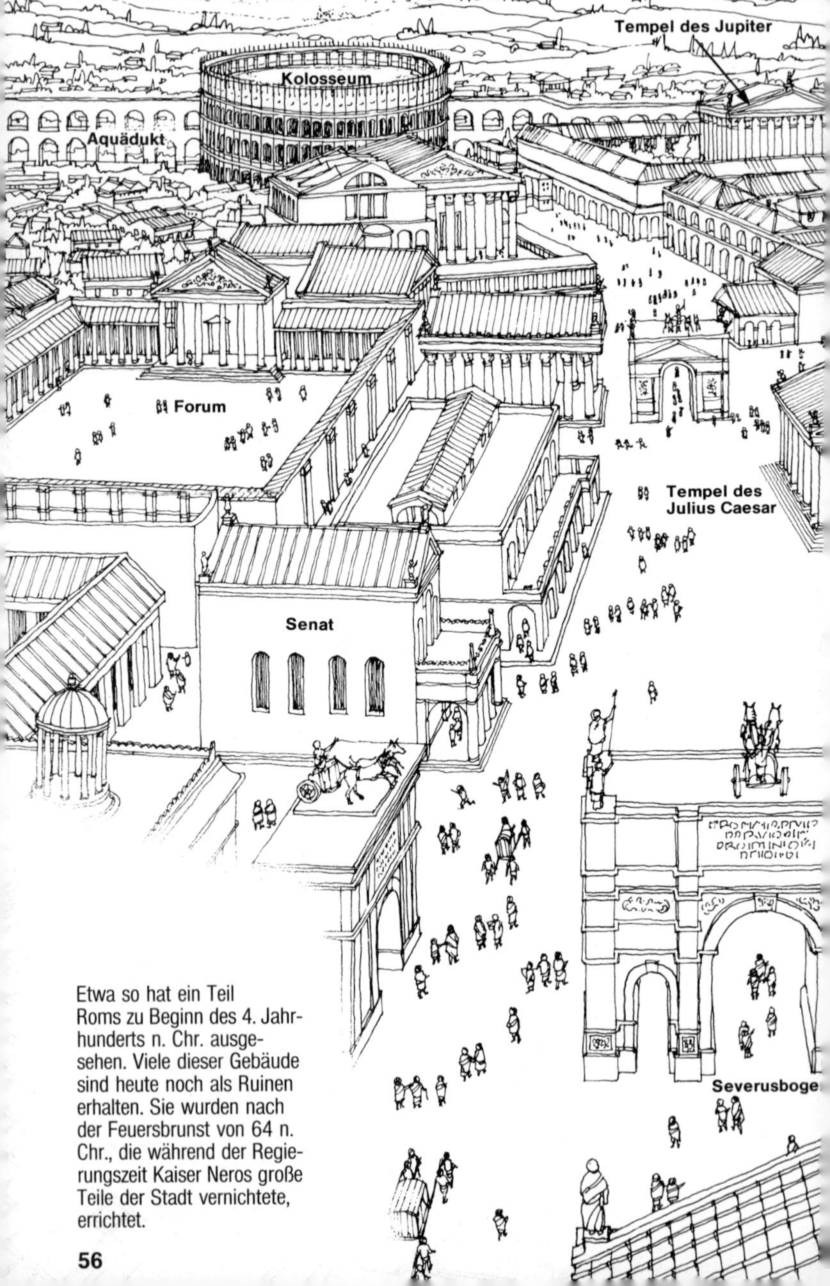

Etwa so hat ein Teil Roms zu Beginn des 4. Jahrhunderts n. Chr. ausgesehen. Viele dieser Gebäude sind heute noch als Ruinen erhalten. Sie wurden nach der Feuersbrunst von 64 n. Chr., die während der Regierungszeit Kaiser Neros große Teile der Stadt vernichtete, errichtet.

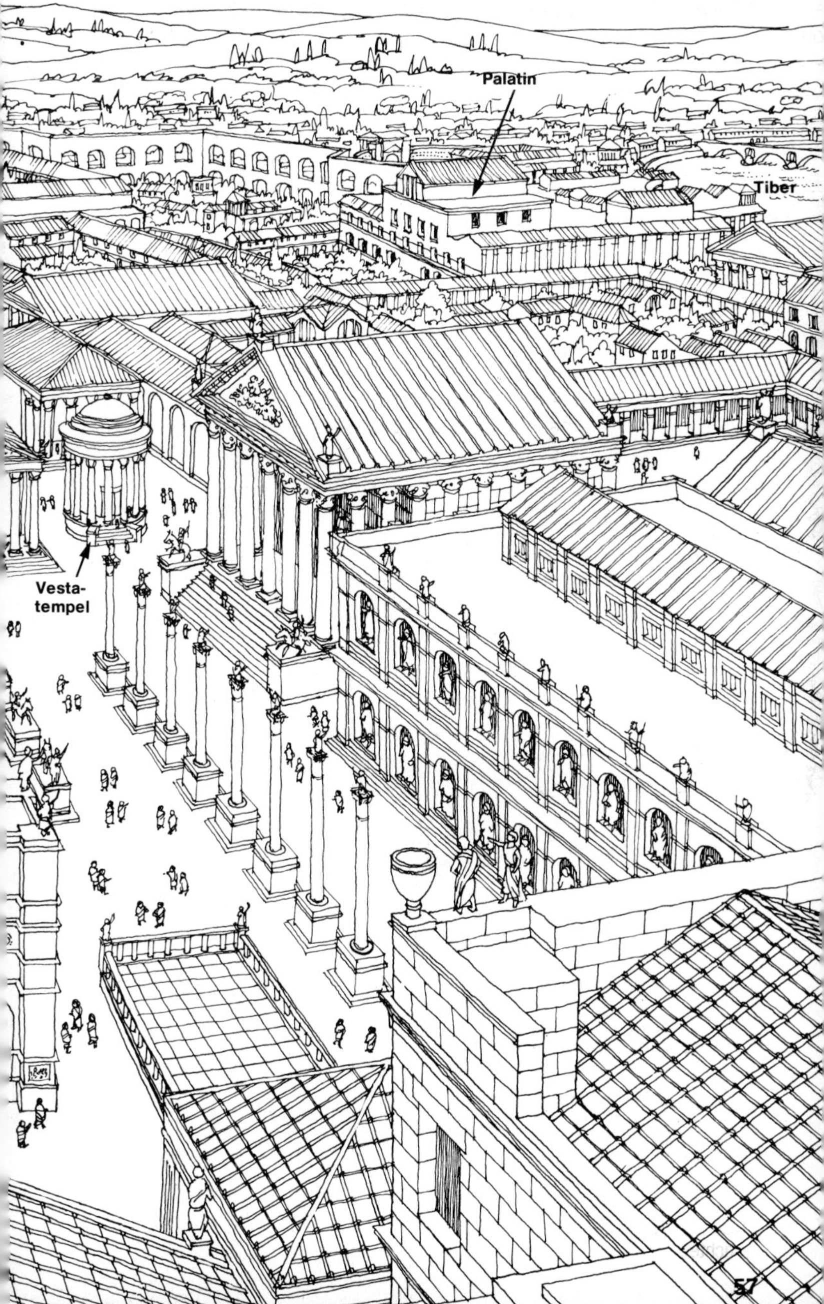
Palatin
Tiber
Vesta-
tempel

Das Römische Kaiserreich

Die Karte zeigt das Reich zu Beginn des 2. Jahrhunderts n. Chr. in seiner größten Ausdehnung. Zunächst hatte man die Gebiete um Rom erobert, um die Stadt vor feindlichen Angriffen zu sichern. Dann entstand durch die Eroberung anderer Länder nach und nach ein riesiges Reich. Man baute Städte, Straßen, Brücken und Aquädukte und schaffte Handelsverbindungen. Von den Besiegten forderte man Steuern. Das politische und rechtliche System waren weit entwickelt. Im ganzen Reich wurde Latein gesprochen. Im Jahre 212 n. Chr. gab Kaiser Caracalla allen Freigeborenen das Bürgerrecht. Zuvor hatte man es sich als Nichtrömer erst verdienen müssen.
Später wurde das Reich im Süden von den Persern und im Nordosten von Barbaren bedrängt. Im 4. Jahrhundert n. Chr. fielen Barbarenstämme ein. Schließlich wurde Rom geplündert und das Reich zerstört.

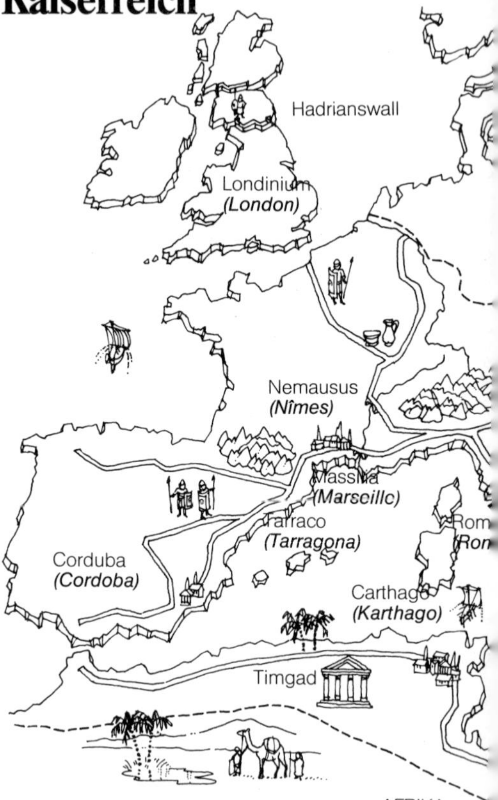

Die gestrichelte Linie zeigt die Grenzen des Reiches in seiner größten Ausdehnung.

Die Provinzen des Reiches wurden von Statthaltern, den sogenannten Prokonsuln regiert, denen Beamte und Truppen zur Seite standen. Manche bereicherten sich, indem sie den Menschen zusätzliche Steuern auferlegten.

Viele der Eroberten lebten friedlich unter der römischen Herrschaft, doch einige rebellierten gegen den Verlust ihrer Freiheit.

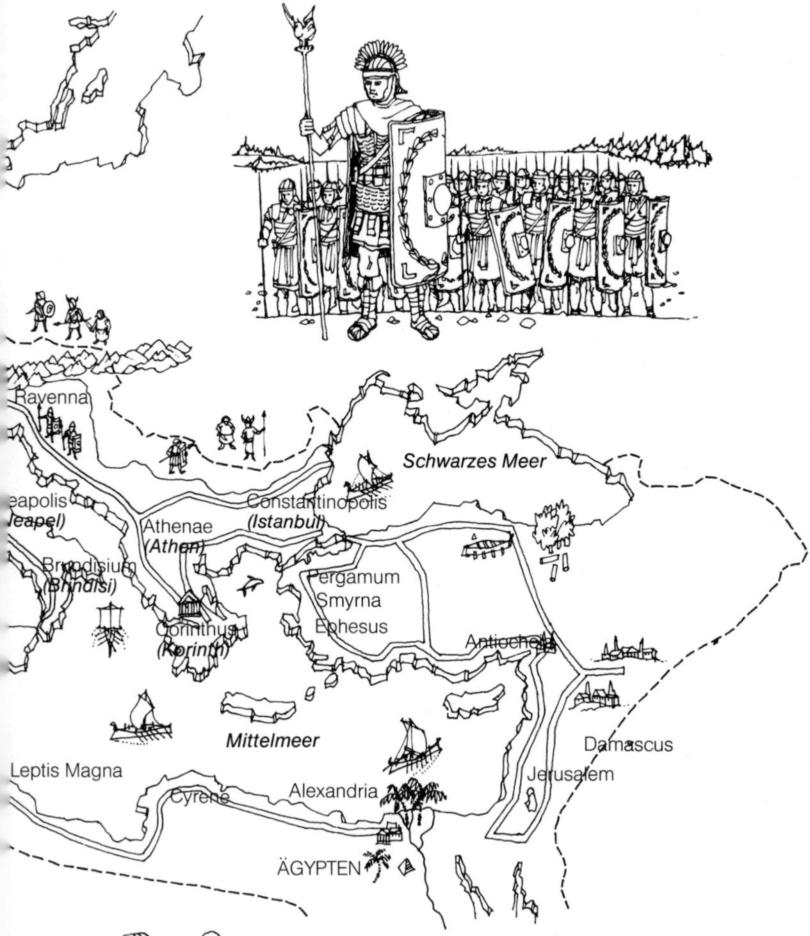

Manchmal kamen die römischen Gesetze mit den Religionen der Menschen in Konflikt, wie etwa bei Juden und Christen.

Im ganzen Reich hatte man in Festungen Legionen stationiert, um Rebellionen zu begegnen.

Du findest heute noch in Europa, Nordafrika und dem Mittleren Osten Spuren der Römer. Dies ist der Marktplatz von Leptis Magna in Libyen.

Geschichte des alten Rom

Nach der Überlieferung beginnt die Geschichte Roms um 753 v. Chr. Eine Anzahl von Bauern baute damals in Italien nahe beim Tiber befestigte Dörfer. Diese wuchsen nach und nach zu einer Stadt zusammen.

Die Legende erzählt, daß Rom von einem Mann namens Romulus gegründet wurde. Romulus und sein Zwillingsbruder Remus waren von einem bösen Onkel ausgesetzt worden, doch sie wurden gerettet und von einer Wölfin genährt.

Bis 510 v. Chr. regierten Könige Rom. Der letzte König, Tarquinius Superbus, wurde vertrieben. Die Republik wurde ausgerufen, und für die Regierungsgeschäfte wählte man jedes Jahr zwei Konsuln.

Anfangs mußten sich die Römer ständig gegen ihre mächtigen Nachbarn verteidigen. Als ihre Zahl und Stärke wuchs, eroberten sie mehr und mehr Land um sich herum. 250 v. Chr. beherrschten die Römer ganz Italien und waren im Mittelmeerraum eine wichtige Macht.

Die Römer mußten mit den Karthagern in Nordafrika (Punische Kriege) und mit den Griechen kämpfen, die beide durch Rom ihre Interessen bedroht sahen. Zwischen 264 und 146 v. Chr. gab es drei Kriege mit den Karthagern. Oft fanden die Schlachten auf See statt.

Der junge karthagische Feldherr Hannibal zog mit einer riesigen Armee, zu der auch 36 Elefanten gehörten, von Spanien aus über die Alpen nach Italien, konnte Rom aber nicht erobern. 146 v. Chr. zerstörten die Römer schließlich Karthago.

Wegen politischer Machtkämpfe brach in Rom der Bürgerkrieg aus. Es gab auch Unruhen, weil sich die armen Plebejer gegen die reichen Patrizier auflehnten.
73 v. Chr. kam es unter der Führung von Spartakus zum Sklavenaufstand. Die Sklaven konnten der Armee zwei Jahre Widerstand leisten.

Die politischen Rivalen Caesar und Pompejus kämpften um die Macht. Pompeius wurde umgebracht und Caesar 46 v. Chr. zum Diktator erhoben. 44. v. Chr. wurde er von Brutus, Cassius und anderen ermordet, weil sie fürchteten, er könnte sich zum König ernennen.

Weitere Bürgerkriege folgten. Caesars Großneffe Oktavian wurde der erste Kaiser (27 v. Chr. – 14 n. Chr.) und nannte sich Augustus. Damit begann die Zeit des Kaiserreichs.

Augustus' Familie regierte bis 68 n. Chr. Allein im Jahre 69 gab es vier Kaiser. Dann kam eine lange Periode des Wohlstands, militärischen Erfolgs und so großer Kaiser wie Vespasian, Titus, Trajan, Hadrian und Mark Aurel (unten). Das Kaiserreich wurde immer größer.

Im 3. Jahrhundert n. Chr. begannen Roms Schwierigkeiten. Rivalisierende Feldherrn kämpften mit Unterstützung verschiedener Armee-Einheiten um die Macht. Die Preise stiegen, und das Reich wurde schwer regierbar. Im Norden griffen Barbaren die Grenzen an.

Kaiser Diokletian (284-305) versuchte den Preisanstieg aufzuhalten und die Barbaren zu bekämpfen. Oft wurden Christen für die Schwierigkeiten verantwortlich gemacht und umgebracht. Um das Regieren zu erleichtern, ernannte Diokletian einen Kaiser im Westteil unter seiner Oberhoheit.

Kaiser Konstantin (306-337) ließ das Christentum zu. Er vereinigte das Reich wieder und baute als neue Hauptstadt Konstantinopel. Nach seinem Tod teilte man 395 das Reich endgültig. Der Osten wurde zum Byzantinischen Reich. Im Westen überrannten Barbaren ganze Provinzen und plünderten 410 auch Rom.

Der weströmische Kaiser und sein Hof hatten sich in Ravenna in Sicherheit gebracht. 476 setzte man den letzten weströmischen Kaiser ab. Das oströmische Reich wurde bis 1453 von Konstantinopel aus weiterregiert. Dann fielen die Türken ein.

Museen mit Sammlungen zur römischen Geschichte

Bundesrepublik Deutschland

5100	Aachen	Museum Burg Frankenberg
7080	Aalen	Limesmuseum Römisches Parkmuseum
6508	Alzey	Museum Alzey
8900	Augsburg	Städt. Kunstsammlungen – Römisches Museum
6380	Bad Homburg	Saalburg-Museum
6368	Bad Vilbel	Brunnen- und Heimatmuseum
7570	Baden-Baden	Stadtgeschichtliche Sammlungen
7141	Benningen/Neckar	Heimatmuseum (Römermuseum)
4619	Bergkamen	Heimatmuseum
1000	Berlin	Antikenmuseum
4630	Bochum	Kunstsammlungen der Ruhr-Universität
5300	Bonn	Rheinisches Landesmuseum
6100	Darmstadt	Hessisches Landesmuseum
4100	Duisburg	Niederrheinisches Museum Städtische Sammlungen
7930	Ehingen/Donau	Römermuseum in der Schule
7505	Ettlingen	Städtische Sammlungen
6000	Frankfurt/Main	Museum für Vor- und Frühgeschichte
6360	Friedberg	Wetterau-Museum
6300	Gießen	Oberhessisches Museum/Gailsche Sammlungen
3400	Göttingen	Archäologisches Institut der Universität
6451	Großkrotzenburg	Museum der Gemeinde
8870	Günzburg	Heimatmuseum
4358	Haltern	Römisch-Germanisches Museum
2000	Hamburg	Museum für Kunst und Gewerbe
3000	Hannover	Kestner-Museum
6900	Heidelberg	Antikenmuseum und Abgußsammlung des Archäologischen Instituts der Universität
5138	Heinsberg	Heimatmuseum
3200	Hildesheim	Pelizaeus-Museum
6650	Homburg/Saar	Freilichtmuseum Römerhaus Schwarzenacker
7109	Jagsthausen	Schloßmuseum Jagsthausen-Götzenburg
7500	Karlsruhe	Badisches Landesmuseum
3500	Kassel	Staatliche Kunstsammlungen
5000	Köln	Römisch-Germanisches Museum
4150	Krefeld	Museumszentrum Burg Linn
6802	Ladenburg	Lobdengau-Museum
7630	Lahr	Museum für Ur- und Frühgeschichte
8300	Landshut	Stadt- und Kreismuseum
7173	Mainhardt	Museum Mainhardt
6500	Mainz	Mittelrheinisches Landesmuseum Römisch-Germanisches Zentralmuseum/ Forschungsinstitut für Vor- und Frühgeschichte
8831	Maxberg/ Solnhofen	Museum beim Solnhofer Aktien-Verein

8000	München	Glyptothek Prähistorische Staatssammlung / Museum für Vor- und Frühgeschichte Staatliche Antikensammlungen
4400	Münster	Archäologisches Museum der Universität
6643	Perl-Nennig	Römische Villa Nennig an der Mosel
7113	Schloß Neuenstein/ Hohenlohe	Hohenlohe-Museum
4010	Neuss	Clemens-Sels-Museum
5450	Neuwied	Kreismuseum Neuwied
8753	Obernburg/Main	Römerhaus
7141	Oberriexingen	Römischer Weinkeller
7110	Öhringen	Weygang-Museum
2900	Oldenburg/Old.	Landesmuseum für Kunst und Kulturgeschichte Staatliches Museum für Naturkunde und Vorgeschichte
7095	Rainau/ Schwabsberg	Freilichtmuseum am Rätischen Limes
8400	Regensburg	Museum der Stadt
8200	Rosenheim	Heimatmuseum
7210	Rottweil	Stadtmuseum
6220	Rüdesheim	Rheingauer Museum / Museum für die Geschichte des Weines
6600	Saarbrücken	Landesmuseum für Vor- und Frühgeschichte
7060	Schorndorf	Heimatmuseum
7070	Schwäbisch Gmünd	Städtisches Museum
6720	Speyer	Historisches Museum der Pfalz
8440	Straubing	Gäubodenmuseum
7000	Stuttgart	Städtisches Lapidarium
2808	Syke	Kreismuseum
5500	Trier	Rheinisches Landesmuseum
7400	Tübingen	Antikensammlung des Archäologischen Instituts / Universitätssammlung antiker und nachantiker Münzen und Medaillen
6200	Wiesbaden	Museum Wiesbaden
6520	Worms	Museum der Stadt Worms
8700	Würzburg	Antikensammlung des Martin von Wagner-Museums
4232	Xanten	Archäologischer Park Xanten Regionalmuseum Xanten
5352	Zülpich	Römerbad und Heimatmuseum

Deutsche Demokratische Republik

9700	Auerbach	Heimatstube
1020	Berlin	Frühchristlich-Byzantinische Sammlung (Bode-Museum) Antikensammlung (Pergamon-Museum)
7000	Leipzig	Archäologisches Museum des Archäologischen Instituts der Karl-Marx-Universität Leipzig

Österreich

3300	Amstetten	Städtische Sammlungen
8454	Arnfels	Uhren-, Musikalien- und Volkskundemuseum

2405	Bad Deutsch/ Altenburg	Museum Carnuntum
2500	Baden	Rollet-Museum
6900	Bregenz	Vorarlberger Landesmuseum
2460	Bruck a. d. Leitha	Heimatmuseum
9991	Dölsach	Museum und Freilichtanlage Aguntinum
4070	Eferding	Stadtmuseum
3730	Eggenburg	Krahuletz-Museum
7000	Eisenstadt	Burgenländisches Landesmuseum
4470	Enns	Museum der Stadt
2401	Fischamend	Heimatmuseum
9360	Friesach	Heimatmuseum
8200	Gleisdorf	Heimatmuseum
8000	Graz	Museum für Vor- und Frühgeschichte
2410	Hainburg	Museum der Stadt
4830	Hallstadt	Museum Hallstadt
6000	Innsbruck	Prämonstratenser Chorherrenstift Wilten
9000	Klagenfurt	Landesmuseum für Kärnten
3500	Krems	Museum der Stadt
4000	Linz	Oberösterreichisches Landesmuseum Stadtmuseum
3512	Mautern	Museum der Stadt
8120	Ottmanach	Museum der Ausgrabungen Magdalensberg
2404	Petronell	Freilichtmuseum Carnuntum
7423	Pinkafeld	Ortsmuseum Pinkafeld
3380	Pöchlarn	Heimatmuseum
8490	Radkersburg	Heimatmuseum
6830	Rankweil	Freilichtmuseum Römische Villa
3100	St. Pölten	Stadtmuseum Diözesan-Museum
4690	Schwanenstadt	Heimatmuseum
4582	Spital/Pyhrn	Heimatmuseum
2262	Stillfried	Ur- und Frühgeschichtliches Museum
5580	Tamsweg	Lungauer Heimatmuseum
3133	Traismauer	Heimatmuseum
8951	Trautenfels	Landschaftsmuseum Schloß Trautenfels
9500	Villach	Museum der Stadt
6112	Wattens	Heimatmuseum
1000	Wien	Römische Baureste Am Hof Römische Ruinen unter dem Hohen Markt
2700	Wiener Neustadt	Stadtmuseum
3435	Zwentendorf	Ortsmuseum

Schweiz

9320	Arbon	Historisches Museum
4536	Attiswil	Heimatmuseum
4302	Augst	Römerhaus und Museum
5200	Brugg	Vindonissa-Museum
1700	Freiburg	Museum für Kunst und Geschichte
4410	Liestal	Römische Villa Munzach
9463	Oberriet	Museum Monthingen
4600	Olten	Historisches Museum
8640	Rapperswil	Heimatmuseum